Charles F. Tunnicliffe

Von der Schönheit unserer Vögel

Charles F. Tunnicliffe

Von der Schönheit unserer Vögel

Aus dem Skizzenbuch eines Tiermalers

Mit einer Einleitung von Ian Niall
Übersetzt und bearbeitet
von Heinrich-Otto von Hagen

Büchergilde Gutenberg

Die Originalausgabe erschien 1979 unter dem Titel
"A Sketchbook of Birds"
bei Victor Gollancz LTD, London

Lizenzausgabe für die Büchergilde Gutenberg,
Frankfurt am Main, Olten, Wien,
mit Genehmigung des Gerstenberg Verlages, Hildesheim

Hergestellt im Druckhaus Gebr. Gerstenberg, Hildesheim
ISBN 3-7632-2807-1

Inhalt

Vorwort

Vorwort der englischen Original-Ausgabe

Die in diesem Buch wiedergegebenen Vogelbilder wurden siebzehn verschiedenen Skizzenbüchern des Tiermalers C. F. Tunnicliffe entnommen, die aus den Jahren 1934 bis 1962 stammen. Einige der größeren Skizzen mußten in Anpassung an das Format der Buchseiten geringfügig verkleinert werden.

Die meisten Bilder entstanden an zwei Orten: auf der Insel Anglesey (vor der Nordwestküste von Wales), wo Tunnicliffe von 1947 bis zu seinem Tode im Februar 1979 lebte, und auf dem Lande bei Macclesfield in Cheshire, wo der Künstler etwas mehr als die ersten zwanzig Jahre seines Lebens zubrachte und wohin er auf vielen Besuchen zurückkehrte.

Fast in allen Fällen hat Tunnicliffe Entstehungsort und Datum seiner Kompositionen auf dem Skizzenblatt vermerkt, meist jedoch nicht die Jahreszahl. Sie wurde zusammen mit dem wissenschaftlichen Vogelnamen jeweils in der Bildunterschrift hinzugefügt.

Der Verlag dankt der Schwester des Künstlers, Frau Dorothy Downes, sowie dem Ehepaar I. Niall für ihre unermüdliche Hilfe, ohne die dieses Buch niemals entstanden wäre.

Leider hat Charles Tunnicliffe die Veröffentlichung dieses Werkes nicht mehr erlebt. Er sah jedoch Farb-Andrucke von einigen der Bilder und fand in der Planungsphase Freude an der mündlichen und schriftlichen Diskussion von publikatorischen Details. Sein letzter Brief, der Einzelangaben zu seinen frühen Holzschnitten enthält, traf beim Verlag am Tage seines Todes ein.

Verlag Victor Gollancz, London

Vorwort zur deutschen Übersetzung

Die englische Original-Ausgabe überließ es dem Leser, die den Skizzen beigegebenen handschriftlichen Notizen des Künstlers zu entziffern. Sie erscheinen nun erstmals in (kursiv gesetzter) Druckschrift auch unter den Bildern, und zwar in deutscher Sprache. Sie wurden übersetzt in dem Bemühen, die sachliche und unmanierierte Sprache Tunnicliffes auch im Deutschen wiederzugeben. Da die englischen Originalnotizen auf den Skizzenblättern erhalten blieben, liegt somit gewissermaßen eine zweisprachige Ausgabe vor.

Auf Wunsch des Gerstenberg-Verlags wurden außerdem überall dort, wo der beschränkte Raum es zuließ, einige wenige Sachinformationen über die dargestellten Vögel neu hinzugefügt. Diese zusätzlichen, nicht kursiv gedruckten Bemerkungen sind für den ornithologisch nicht vorgebildeten Leser gedacht, der vorgebildete sollte sie ignorieren.

Gegenüber der Original-Ausgabe verändert wurde schließlich in manchen Fällen auch die Reihenfolge der Skizzen, und zwar auf der Suche nach dem bestmöglichen Kompromiß zwischen der farblichen Harmonie der Bilder und der natürlichen Verwandtschaft ihrer Motive, also der Vogelsystematik. Ich meine, dieser Kompromiß sei auch im Sinne Tunnicliffes, in dem ich nicht nur den Künstler, sondern auch einen bewunderungswürdigen Ornithologen sehe.

H.-O. v. Hagen

Einführung von Ian Niall

Die Volksmeinung umgibt das Leben von Künstlern mit einer romantischen Aura. Ich hatte jedoch schon immer den Eindruck, daß jedweder Künstler, dessen Werk mehr ist als nur ein Feuerwerk, einen im wesentlichen praktischen Ansatz haben müsse. Das große Talent formt sich aus in unzähligen Tagewerken, in jahrelangem Ringen um die Beherrschung von Techniken, in der stetigen Anwendung einer bestimmten, nur dem Künstler gegebenen Sicht. Charles Tunnicliffe, der Sohn einer einfachen Bauernfamilie aus Cheshire, übertraf in seiner Schaffensfreude und unbeirrbaren Ausdauer bei weitem alle meine früheren, noch recht oberflächlichen Vorstellungen.

Ich kannte ihn zunächst (so wie viele tausend mit mir) als den Illustrator der bekannten Bücher von Henry Williamson: *Tarka, der Otter* (1932) und *Salar, der Lachs* (1935). Davor, also noch als Student des Royal College of Art, hatte Tunnicliffe bereits einige überragende Radierungen verkauft. Die meisten gelangten in Privatsammlungen, aber einige wurden vom Victoria-und-Albert-Museum in London und von der Nationalgalerie in Stockholm erworben. Bald hatte Tunnicliffe einen Namen. Die Arbeiten für Williamson wurden der Auftakt zu einem Leben als Illustrator für kleine und große Autoren (unter ihnen Hemmingway, Negley Farson, H. E. Bates und Richard Church). Für sie alle brachte Tunnicliffe etwas Außergewöhnliches mit: ein erstaunliches Einfühlungsvermögen, die Fähigkeit, sich die Vorstellungswelt des Autors zu eigen zu machen – Kennzeichen eines großen Illustrators.

Vor zwölf oder dreizehn Jahren traf ich Charles Tunnicliffe zum erstenmal. Wir wohnten nicht sehr weit auseinander, er auf der Insel Anglesey und ich oberhalb von Llandudno in North Wales. Wir begannen einen Briefwechsel und trafen uns von Zeit zu Zeit, und mir kam der Gedanke, eines Tages ein Buch über sein Leben und seine Kunst zu schreiben. Obgleich weder Ornithologe noch Kunstgelehrter, meinte ich doch, Voraussetzungen für diese Aufgabe mitzubringen. Wir waren uns von Haus aus ähnlich. Schließlich entschloß ich mich, anderes zurückzustellen und eine Biographie vorzubereiten. Charles begrüßte meinen Vorschlag mit Zurückhaltung (einen bescheideneren Menschen als ihn gab es kaum), aber er erklärte sich bereit, mich in wöchentlichen Abständen zu empfangen. Wir sprachen über den frühen Lebensabschnitt in Macclesfield, die Mühen um ein Auskommen als Künstler, seine Heirat, seine Erfahrungen mit dem rasch zu begeisternden Henry Williamson. Kaum eine Erinnerung, die Tunnicliffe nicht mit erstaunlich vielseitigen Beobachtungen über Vögel und andere Tiere verband. Für mich bedeuteten diese Zusammenkünfte weit mehr als ein Schwelgen in Nostalgie. Ich saß zu Füßen eines engagierten Biologen und eines großen Tierbeobachters. Charles hatte die Vögel mit den Augen des Malers, nicht mit den Augen des Schützen betrachtet. Er kannte den Flug des Goldregenpfeifers, das Jugendkleid der seltenen nördlichen Form, die Beute-Rituale von Falken und Kormoranen, die genauen Maße eines Schnee-Eulenflügels. Dieses umfassende Wissen war in seinen Freilandnotizen und Skizzenbüchern niedergelegt – in sich eine erstaunliche Sammlung detaillierter Naturbeobachtungen und erlesenster Kunstwerke.

Als meine eigenen Aufzeichnungen viele Seiten füllten, hielt ich es für an der Zeit, mich um einen Verlag zu kümmern. Es bedurfte nur einer einzigen Einladung, und mein Freund und Angelgefährte David Burnett vom Verlag Victor Gollancz kam aus London angereist, um das geplante Buch mit Charles und mir zu besprechen. Er hatte kaum mein Haus betreten, als ich auch schon dazu überging, ihn mit meinem Projekt *Leben und Werk von Charles Tunnicliffe* in Grund und Boden zu reden. Auf der Überfahrt nach Anglesey schlief er mehrfach ein, während ich mich über die Wunderdinge verbreiterte, die Tunnicliffe mir gezeigt hatte: unter anderem seine Originalzeichnungen für die *Tarka*-Holzschnitte und seine originellen „Vogel-Schautafeln" mit großmaßstäbigen Detailstudien an Hunderten von Vögeln. Einige davon, so meinte ich, könnten in mein Buch aufgenommen werden. Wir erreichten „Shorelands", das Haus bei Malltreath, wo Tunnicliffe seit dreißig Jahren wohnte. Zunächst sahen wir uns gemeinsam die erwähnten „Vogel-Schautafeln" an, dann nahm ich mit Charles den Faden früherer Gespräche auf. Mein Freund vom Verlag war unterdessen in eine Art Träumerei versunken – über einigen Skizzenbüchern, die er so nebenbei in einemSchrank gefunden hatte. Mir schien, er dachte über technische Probleme nach, und ich fürchtete, er würde mir eröffnen, daß mein Buch nicht so großzügig illustriert werden könne, wie ich erhofft hatte.

Plötzlich erklärte er, einen Schatz entdeckt zu haben. Tunnicliffes Vogelskizzen seien etwas, was die Welt sehen müsse. Sie seien unvergleichlich. Sie riefen geradezu nach der bestmöglichen Wiedergabe, nach allerbestem Papier und Druck. Jeder Mensch mit einem Blick für das Schöne würde ein Buch mit diesen Skizzen besitzen wollen – so wie ein Kind den exotischen Schmetterling behalten will, den es sorgsam mit seinen Händen umfängt. Vogelfreunde, Ornithologen und Künstler – alle würden begeistert sein. Tunnicliffe zwinkerte uns zu und lächelte über diesen Enthusiasmus. In einem langen seiner Kunst gewidmeten Leben hatte er so viele Arbeiten von soviel atemberaubender Qualität angehäuft, daß er darüber nicht mehr viele Gedanken verlor. Uns aber beschäftigte sein Werk um so mehr und die Notwendigkeit, es der Welt zugänglich zu machen. Würde er diese unschätzbaren Skizzenbücher für einige Zeit zum Abphotographieren der Obhut des Verlags überlassen? Tunnicliffe war von Natur aus großzügig und gab freundlicherweise seine Einwilligung. Und so war dieses Buch geboren.

Die Kunst war Tunnicliffes zweites Ich. Angesichts dieses unabwendbaren Geschicks nahmen es die Eltern hin, daß ihr Sohn seiner Begabung nachging und nicht als Hilfe auf dem Hof blieb. Ein erstes Stipendium ermöglichte den Besuch der Kunstschule in Macclesfield, ein zweites die Aufnahme in das Royal College of Art. Von dort aus waren die nächsten großen Schritte möglich: Ausstellungen in der Royal Academy und schließlich Aufnahme in die Reihe ihrer Mitglieder. Im Jahre 1977, nahe dem Ende einer großen Laufbahn, erschien Tunnicliffes Name auf der Liste der Ehrengäste beim Geburtstag der Königin.

Wahre Berge von Skizzen – kaum denkbar, daß irgendein anderer Künstler eine solche Produktivität entwickelte – häufen sich links und rechts seines Lebensweges. Einige der besten werden in diesem Buch veröffentlicht. Ich weiß, daß das Buch für sich selbst spricht. Ich weiß auch, daß diese Einleitung nicht vor, sondern nach dem Betrachten der Bilder gelesen werden wird, nachdem der Leser bewundernd Seite für Seite umgeblättert hat – immer und immer wieder.

Tunnicliffes Platz in der Kunst muß ihm nicht erst zugewiesen werden. Er hat ihn sich längst selbst gesichert durch unendliche Arbeit an Staffelei und Zeichenbrett. Es ist schwer, für sein Schaffen Worte zu finden. Sollte man von Besessenheit sprechen, von Perfektionismus, peinlicher Sorgfalt oder einfach von Schönheit? Ich erinnere mich, daß Charles in einem Gespräch über das Wesen der Kunst einmal das Lieblingswort eines seiner Professoren in der Royal Academy zitierte: „Wo wohnt die Phantasie zumeist? Im Herzen oder nein: im Geist? ("Tell me where is fancy bred, or in the heart or in the head?"). Eine Antwort gibt es nicht. Aber künstlerische Phantasie – als Erfassen von Schönheit – war das, was Tunnicliffe ein Leben lang pflegte und worüber er alles andere vergessen konnte. Lange nachdem die meisten zeitgenössischen Maler vergessen sind, wird es Sammler von Tunnicliffes Drucken geben, wobei das Hauptinteresse weiterhin den frühen Stichen gelten wird *(Der Stier, Die Ebene von Cheshire, Eine Winterlandschaft)* und auch den Aquarellen, die seinerzeit von versessenen Käufern gleich am ersten Tag der Akademie-Ausstellungen aufgekauft wurden. Mit diesem Buch ist etwas anderes gemeint. Wer es mit Freude angeschaut hat, weiß, daß ihm ein besonderes Privileg zuteil wurde: ein Blick in das Inoffizielle, Private, in die stille Werkstatt hoher Kunst.

Tan-yr-Allt Cottage
Llandudno, Februar 1979

Übersicht über die Ortsangaben der Skizzen

Mit Hilfe der folgenden kurzen Daten wird es dem Leser möglich sein, die Ortsangaben zu Tunnicliffes Skizzen auf einer entsprechenden Landkarte aufzufinden. In einigen Fällen war die genaue Lage nicht zu klären. Die meisten Plätze liegen entweder bei Macclesfield, der Heimatstadt des Künstlers in Cheshire, oder auf der Insel Anglesey, wo er von 1947 bis zu seinem Tode wohnte.

Alderley Edge – in Cheshire, nordwestlich von Macclesfield.

Amlwch – alter Hafen im Norden von Anglesey.

Anglesey – Insel vor der Nordküste von Wales, durch die berühmte Thomas-Telford-Brücke mit dem Festland verbunden. Die Brücke überquert die Menai-Straße.

Beaumaris – Ort auf Anglesey, an der Osteinfahrt in die Menai-Straße.

Birtles Pool – Teich westlich von Macclesfield, im Park von Birtles Hall.

Bodorgan headland – Vorgebirge von Südwest-Anglesey, nördlich des Cefni-Ästuars.

Bont Farm – nahe dem Wohnsitz des Künstlers, Südwest-Anglesey.

Bosley Reservoir – Staubecken südlich von Macclesfield, an der Kreuzung der Landstraßen A 54 und A 523.

Capesthorne Pool – Teich westlich von Macclesfield im Park von Capesthorne Hall.

Cemlyn Lake – See an der Nordküste von Anglesey, westlich von Amlwch.

Clitheroe – (Bradley Hall) Lancashire.

Clough Brook – Wasserlauf nahe dem Geburtsort des Künstlers, südlich von Macclesfield.

Cob Lake – See bei Malltraeth auf Anglesey.

Crochan Caffo – Teich im Sumpfgebiet von Llangaffo auf Anglesey.

Dinas Point – bei Bodorgan, vor der Nordküste des Cefni-Ästuars.

Foel Ferry – Fähren-Anleger (außer Betrieb) nahe der Westeinfahrt in die Menai-Straße auf der Anglesey-Seite, gegenüber von Caernarvon.

Foryd Estuary – Ästuar in Nord-Wales gegenüber von Anglesey an der Westeinfahrt in die Menai-Straße.

Gawsworth Pool – Teich südlich von Macclesfield im Park von Gawsworth Hall.

Glan Avon – wahrscheinlich Glanrafon, eine Farm nahe dem Wohnsitz des Künstlers auf Anglesey.

Goldsitch Moss – ländliche Gegend südöstlich von Macclesfield.

Gull Island, Aberdaron – Inseln vor der Küste von Nordwest-Wales, gewöhnlich als "The Gwyllans" zusammengefaßt.

Handa Island, Sutherland – schottische Insel vor der nordwestlichen Hochland-Küste.

Hawk's-head Clough – Schlucht bei Higher Sutton, Macclesfield.

Iona – Insel vor der Südwestküste von Mull, Nordwest-Schottland.

Kendal – im südwestlichen Lake District, Westmorland.

Llandwyn lighthouse – Leuchtturm auf der Insel Llandwyn, Süd-Anglesey, an der Südseite des Cefni-Ästuars.

Lligwy Bay – Bucht an der Nordostküste von Anglesey.

Llyn Coron – kleiner See in der Nähe des Bahnhofs von Bodorgan, Südwest-Anglesey.

Macclesfield – Heimatstadt des Künstlers in Cheshire, etwas nördlich von seinem Geburtsort Langley.

Malltraeth Lake – See nahe dem Hause des Künstlers, Südwest-Anglesey.

Moelfre – an der Nordostküste von Anglesey.

Nant Bychan rocks – felsige Nordostküste von Anglesey, zwischen Traeth Bychan und Moelfre.

Northwich – Kleinstadt westlich von Macclesfield in Cheshire.

Pont Aber Glaslyn – in Snowdonia (Nord-Wales) an der Paßstraße (A 498) südlich von Beddgelert.

Porth Aber – (gewöhnlich Porth yr Aber) – nahe Moelfre an der Ostküste von Anglesey.

Radnor Mere – See südlich von Nether Alderley, nordwestlich von Macclesfield.

Radnor Woods – Buchenwälder südlich von Nether Alderley, nordwestlich von Macclesfield.

Redesmere – See im Westen von Macclesfield, Cheshire.

Shorelands – des Künstlers Haus bei Malltraeth, Südwest-Anglesy.

South Stack – Klippen vor der Nordwestküste von Holy Island bei Anglesey.

Stack Rocks – Felsgruppe in der Bucht von St. Bride im Nordosten der Insel Skomer. 1938 war Tunnicliffe mit seiner Frau auf dieser kleinen Insel für ein paar Tage durch schlechtes Wetter von der Rückkehr abgeschnitten und mußte von Möweneiern leben.

Traeth Bach – Ästuar in Nordwest-Wales, südlich von Porthmadog.

Traeth Bychan – kleine Bucht an der Nordostküste von Anglesey, südlich von Moelfre.

Ty Gwyn – im Süden des Cefni-Staubeckens, in Llangefni auf Anglesey.

Y Felin – wörtlich „Die Mühle“. Da es im Umkreis von Shorelands mehrere Mühlen gibt, ist eine genaue Lokalisation nicht möglich.

Seevögel

1 Sturmmöwen *(Larus canus),* Insel Iona, Sept. 1934.

Unter den europäischen Möwen gehört die grünbeinige Sturmmöwe zu den kleineren Formen. Mehr als ihre größeren Vettern sucht sie ihre Nahrung auf Äckern und Wiesen des Binnenlandes, wohin sie besonders bei stürmischem Wetter ausweicht – daher der Name.

Altvögel (rastend, oben links und Mitte), *Jungvogel im 1. Jahr* (schwimmend) bzw. *im 2. Jahr* (oben rechts). Farbnotizen: oben rechts: *Winterkleid, hellgraue Zeichnung, manchmal grau-rehbraun;* unten: *dunkel sepiabraun, rehbraun.*

2 Mantelmöwen *(Larus marinus),* Iona, 25. Sept. 1934. Altvögel, der obere *aus dem Gedächtnis,* der untere *nach der Natur.*
Die Mantelmöwe ist die größte Möwe, die man an unseren Küsten beobachten kann. In Deutschland kommt sie jedoch nur als Gast (vor allem im Winter) vor, während sie auf den Britischen Inseln auch Brutvogel ist.

In Einzelexemplaren, manchmal zusammen mit einem Schwarm von Sturmmöwen rastend. Heute an einem Hundekadaver fressend gesehen, der an der Bucht von White Sands angespült worden ist.
Auch auf dem Weideland hinter den Gehöften beobachtet, rastete dort mit einer Jungmöwe auf höherem Gelände.
Gilt auf Iona als „König der Diebe und Mörder“.

3 Silbermöwe *(Larus argentatus),* Iona, Sept. 1934. Jungvogel zu Beginn des 2. Winters.

Silbermöwen sind für uns „die Möwen“ schlechthin. Sie haben sich vor allem auf der Grundlage menschlicher Abfälle an den Nordseeküsten so stark vermehrt, daß sie zur Bedrohung anderer Seevogelarten wurden und z. T. bekämpft werden müssen.
Jugend- und Alterskleid unterscheiden sich bei den meisten Möwen sehr stark. Im allgemeinen dauert es bei den größeren Möwenarten vier und bei den kleineren zwei Jahre, bis die Färbung des Altvogels völlig erreicht ist.

Adult
Light grey markings &
Winter plumage →
Adult.
Common Gull.
Sept. Iona.
Sepia dark
First year bird

1

Iona Sept. 25th
Gr Black-backed gull.
Seen singly. Sometimes with
a crowd of common gulls resting
on the machair. Today seen
feeding on the body of a dead
dog thrown up at White Sands
bay. Two Hoody crows also feeding
with him.
Seen also in the pastures
behind the farms on rising
ground resting with a young
gull.
In Iona regarded as the king
of thieves and murderers.
From memory.
From life.

3

4

4 Silbermöwe *(Larus argentatus)*, Moelfre, 2. Sept. 1944. Rastende Jungmöwen.

Der meist insgesamt dunkel angegebene Schnabel spricht dafür, daß es sich trotz des etwas hellen Kopfgefieders um Jungvögel handelt, die noch am Beginn ds 1. Winters stehen.

Die unausgefärbte Silbermöwe von Bild 3 (Jungvogel im 2. Winter) läßt hellere Schnabelfarben und vor allem einen weißlichen Bürzel erkennen.

Unausgefärbte Tiere. Blieben in knapp 3 Meter Entfernung sitzen, während ich sie skizzierte.

5

5 Lachmöwen *(Larus ridibundus)*, bei Beaumaris, 3. Juli, vermutlich 1948. Jungvögel.
Der Name dieser in Wahrheit heiser kreischenden kleinen Möwe stammt aus einer Zeit, wo man sie fälschlich als artgleich mit der amerikanischen Aztekenmöwe ansah, deren Rufe wirklich an ein menschliches Lachen erinnern.

Priel, der den Kiesstrand südlich Beaumaris durchzieht.

Unterschiedliche Jugendkleider: der sitzende Vogel blasser und brauner an Schultern und Flügeln; Seitenpartien der Brust und Flanken nicht braun überlaufen, auch der Kopf unterschiedlich stark gefärbt.

6 **6 Lachmöwen** *(Larus ridibundus)* und junge **Silbermöwe** *(Larus argentatus)*, Traeth Bychan, 4. Sept. 1944. Altvögel im Ruhekleid. Es fehlt ihnen daher die schokoladenbraune Kopfmaske, die zum Brutkleid gehört (sichtbar auf Bild 28). In der Mitte rechts eine Augenstudie.

Ein Tier an Brust und Bauch deutlich rosa, andere mit schwächerem rosa Anflug.
Bei diesem Vogel sind noch Spuren der schwarzbraunen Kopfmaske zu sehen.
Vogel rechts unten: *aus dem Gedächtnis.*

7

7 Kormoran *(Phalacrocorax carbo)*, Bodorgan-Vorgebirge, 17. Juli 1949. Nestling.
Kormorane gehören zusammen mit Tölpeln und Pelikanen in die Ordnung der Ruderfüßer. Im Gegensatz zu Möwen sind sie nicht nur gute Flieger, sondern auch hervorragende Taucher.
Dieser Nestling war so groß wie eine erwachsene Stockente oder größer, aber noch immer im Dunenkleid. Hand- und Armschwingen im Wachstum, aus 2½ cm langen Scheiden hervorsprießend. Schwanz- und einige Schulterfedern ebenfalls sichtbar und eine Reihe winziger Federn der Flügeldecken.
Farbnotizen (von oben nach unten): *graue nackte Haut, blaß und dunkel hornfarben, fahl gelb, nackte Haut, blaß.*

8

8 **Krähenscharben** *(Phalacrocorax aristotelis)*, Bodorgan-Vorgebirge, Mai 1948.
Krähenscharben sind nahe Verwandte der Kormorane. Sie brüten aber im Unterschied zu ihren Vettern nicht in Deutschland und erscheinen an unseren Küsten nur als seltene Gäste (vor allem auf Helgoland).

Mitte: *Altvogel und Nestling, letzterer gut im Futter und noch im Dunenkleid, Federkiele sprossen an Schwanz und Flügeln. Das Junge wegen der Hitze öfter mit offenem Schnabel und pulsierender Kehle. Es streckt im Liegen das linke Bein nach hinten neben dem Stummelschwanz aus.*
Oben: *Ansicht von oben, in Erwartung des rückkehrenden Altvogels.*
Rechts: *(Skizze aus dem Gedächtnis) Jungvogel, auf der Klippenoberfläche herumkletternd. Er konnte fliegen und tat es später auch. Ein brauner Vogel, Kopf blasser als Rücken. Schultern und Flügeldecken sepiabraun überlaufen, blaßbräunlich elfenbeinfarben gesäumt. Iris blaßgelb gesprenkelt.*

9 Eissturmvögel *(Fulmarus glacialis),* nahe Stack Rock, 13. Juni 1938.

Eissturmvögel haben ein möwenartiges Aussehen, sind aber Angehörige einer ganz anderen Vogelordnung, der Röhrennasen, gekennzeichnet durch röhrenförmige äußere Nasenlöcher. Im Fluge erkennt man Eissturmvögel daran, daß sie dicht über den Wellen ohne Flügelschlag dahinkurven. Sie sind Hochseevögel, die nur zur Brutzeit Felsenklippen aufsuchen. Das Brutgebiet hat sich in historischer Zeit von den nördlichen Breiten bis nach Südengland ausgeweitet. Auf Helgoland, wo man den Eissturmvogel früher im wesentlichen als Wintergast kannte, scheinen seit 1969 einzelne Paare regelmäßig im Lummenfelsen zu brüten.

Schultern dunkler als die Flügeldecken, mehr oder weniger hell sepiabraun. Schwanzfedern fahlgrau mit grauweißen Spitzen. Beine und Füße grau. Schnabel grün bernsteinfarben, zur Spitze hin gelblich. Nasenröhren schwärzlich.

10

10 Flußseeschwalbe *(Sterna hirundo),* Strandfelsen oberhalb Porth Aber, Juni 1942.

Seeschwalben sind kleine bis mittelgroße Möwenvögel. Sie wirken schwalbenähnlich, weil ihre Schwingen gewöhnlich lang und schmal sind und der lange Schwanz meist gegabelt ist. Im Freiland sind sie an ihren hohen, kratzenden Rufen (oft mit „kirr-kirr“ umschrieben) schon von weitem auszumachen.

Alle drei in diesem Buch abgebildeten Seeschwalbenarten brüten auch in Deutschland, Fluß- und Zwergseeschwalbe nicht nur an der Küste, sondern auch an manchen Binnengewässern. Der englische Name „Common Tern“ weist auf die Häufigkeit der Flußseeschwalbe hin.

Rastete mit uns zusammen auf derselben flachen Felsplatte. Blieb fast eine ganze Minute lang ruhig sitzen, nicht mehr als 5½ Meter entfernt.

11 **11 Flußseeschwalben** *(Sterna hirundo),* Amlwch, Juni 1942.
Abweichend von den Möwen, die ihre Nahrung zunächst verschlingen und dann am Nest wieder auswürgen, füttern Seeschwalben ihre Jungen mit Beutetieren (z. B. Fischen), die sie im Schnabel herbeitragen. Bestandteile dieses Fütterungsverhaltens sind in die Seeschwalbenbalz eingedrungen. Beim „Fischchenspiel“ überreicht der eine Partner (Männchen oder Weibchen) dem anderen einen erbeuteten Fisch als Geschenk.

Der eine Vogel brachte einen Fisch mit und überreichte ihn dem anderen – wie gewöhnlich unter viel Schreien und Posieren.

12

12 Zwergseeschwalben *(Sterna albifrons), Malltraeth Lake, 19. Mai 1945.*

Seeschwalben erbeuten ihre Nahrung meist durch Stoßtauchen aus der Luft. Dem Sturzflug geht ein Suchflug voraus, wobei der Vogel (hier der vordere der beiden fliegenden) rüttelnd in der Luft steht und in das Wasser hinabspäht, den Schnabel abwärts gerichtet.

Zwergseeschwalben, auf Nahrungssuche am See, rasteten gewöhnlich truppweise auf dem Uferschlamm, zusammen mit Alpenstrandläufern und Flußseeschwalben.

13

13 Brandseeschwalben *(Sterna sandvicencis)* und eine **Flußseeschwalbe** *(Sterna hirundo),* Lligwy Bay, 8. Sept. 1944.
Brandseeschwalben gehören zu den größeren europäischen Seeschwalbenarten. Sie nisten in großen Kolonien dicht beieinander auf Sand- oder Kiesstrand, in der Deutschen Bucht auf der Hallig Norderoog. Der Lärm in einer solchen Brutkolonie kann ohrenbetäubend sein. Ihren Namen soll die Brandseeschwalbe der Tatsache verdanken, daß sie gern in der Brandung fischt, wo sie vor allem Sandaale erbeutet.

14

14 Flußseeschwalben *(Sterna hirundo),* Felsküste Nant Bychan, 2. Juni 1942.
Damit es bei der Balz der Flußseeschwalbe zum vollständigen „Fischchenspiel“ (vgl. Bild 11) kommen kann, muß der Partner das vom anderen mitgebrachte Geschenk annehmen. Der Beschenkte fliegt dann mit dem Fischchen im Schnabel dem Überbringer spielerisch voraus. Manchmal wird das Geschenk nochmals an den Überbringer zurückgegeben, und die Flugreihenfolge vertauscht sich entsprechend. In dem hier beobachteten Fall blieb das Balzritual schon in den Anfängen stecken.

Der eine Vogel auf einem Felsen das Gefieder putzend. Der andere brachte ihm einen Fisch mit, aber der sich putzende beachtete ihn nicht und flog fort. Sogleich verschluckte der andere Vogel seinen Fisch.

15

15 Zwergseeschwalben *(Sterna albifrons),* Lligwy Bay, 3. Juni 1942.

Wie der Name sagt, ist die Zwergseeschwalbe unsere kleinste Seeschwalbenart. Sie brütet in sehr kleinen Kolonien an offenen Sand- und Kiesstränden, entfernt von den Brutgebieten anderer Seeschwalben. Eier und Jungtiere sind durch eine besonders gute Schutzfärbung getarnt.

Vermutlich dasselbe Paar, das ich schon in der Bucht von Traeth Bychan sah. Die beiden hielten sich nämlich in der Lligwy-Bucht nur während des Hochwassers auf, als in Traeth Bychan der gesamte Sandstrand überflutet war.

Stelldichein endete mit Balzandeutungen und Geschrei vor dem Abflug.

16

16 Flußseeschwalben *(Sterna hirundo),* Amlwch, 2. Juni 1942.
Felsküste von Amlwch (gegenüber der Amlwch-Insel, auf der viele Seeschwalben waren). Flußseeschwalben, die Schnäbel gegen den starken Wind gerichtet. Um Balance zu halten, mußten sie oft die Schwanzfedern fächern.

Auf den Felsplateaus von Amlwch Island kauerten die Vögel dicht gedrängt und sahen wie ein großes Gelege perlfarbener Eier aus.

17 Trottellummen *(Uria aalge)*, 2. Okt. 1948.

Die Lummen und ihre Verwandten, die man als Alkenvögel zusammenfaßt, haben Ähnlichkeit mit den Pinguinen der Südhalbkugel, sind aber nicht mit ihnen verwandt, sondern mit den Möwen- und Watvögeln. Wie bei den Pinguinen sitzen die Beine weit hinten am Körper, so daß es beim Stehen an Land zu einer aufrechten Körperhaltung kommt. Wie die Pinguine können Alkenvögel ausgezeichnet tauchen und bewegen sich beim Fischfang unter Wasser durch Flügelschläge fort. Abweichend von den Pinguinen sind jedoch alle lebenden Alkenvögel noch flugfähig. Sie sind also als Kompromiß zwischen Tauchen und Fliegen konstruiert.
Speziell die Lummen sind so sehr an das Rudern unter Wasser angepaßt, daß sie mit ihren kurzen und schmalen Flügeln nur noch so gerade fliegen können – so schlecht, daß diese „Trottel" kaum in der Lage sind, einem rasch vorgehaltenen Netz auszuweichen.

Bewegungs- und Haltungsstudien: *Landung, Verbeugung, Putzen des Brustgefieders.*

18 Trottellummen *(Uria aalge),* Handa Island, 16. Juni 1939.

In Deutschland brüten Trottellummen nur auf Helgoland, wo man gegenwärtig ungefähr 1000 Brutpaare zählt. In den ersten Jahrzehnten dieses Jahrhunderts sollen es zeitweilig 5000 Paare gewesen sein. Die Lummen legen ihre Eier ohne Nistmaterial auf die schmalen Felsbänder der Steilküsten. Die Birnen- oder Kreiselform der Eier hindert sie gewöhnlich am Herunterfallen. Nach 3–4 Wochen, lange vor dem Flüggewerden, verlassen die Jungen die Brutplätze. Von den Altvögeln vom Meer aus mit Rufen gelockt, springen die Jungvögel im sogen. „Lummensprung" von der hohen Wand herab und schlagen nur zu häufig nicht auf das Wasser, sondern auf den harten Felsen auf – eigenartigerweise, ohne Schaden zu nehmen.

Drei Vögel, die zusammen in einer geschützten Felsnische im Sonnenschein hockten. Während ich sie zeichnete, machten sie oft lange Hälse und spähten herüber. Farbnotizen: bleigrau, sepiabraun, schwarz.

19

19 Trottellumme *(Uria aalge)*, 2. Okt. 1948.

Ein Vergleich von Bild 18 und 19 läßt erkennen, daß das Gefieder der Trottellummen im Sommer mehr schokoladenbraune Farbtöne zeigt. Außerdem sind Kopfseiten und Kehle im Winter (auch schon im ersten) weißlich. Nur eine vom Auge ausgehende Linie bleibt dunkel.

Vermutlich Jungvogel im Übergang zum Kleid des 1. Winters. Bein-Innenseiten deutlich ockergelb.

20

20 Tordalk *(Alca torda),* wahrscheinlich Herbst 1947. Unausgefärbtes Exemplar (Schnabel noch relativ schwach und ohne weiße Querlinie).
Der Tordalk ist ein unregelmäßiger deutscher Brutvogel: Neuerdings brüten wieder einige Paare auf Helgoland.

21 Papageitaucher *(Fratercula arctica),* Gull Island, Aberdaron, 30. Juli 1935.
Leider ist der Papageitaucher, ein besonders bunter Alkenvogel, kein deutscher Brutvogel mehr. Bis 1830 fanden sich alljährlich 2–3 Paare in der Westklippe von Helgoland ein.

Papageitaucher, noch immer Fische in ihre Nisthöhlen eintragend.
(1) und (2) kurz vor der Landung.
(3) Landet mit ausgestreckten Füßen, wie oben (2). Fällt dann ziemlich unbeholfen vorwärts auf die Brust, im Wasser mit lautem Aufklatschen.
Schnabel in natürlicher Größe (wahrscheinlich höher). Haut um das Auge grünstichig bleigrau.

(1)
Just before landing
(2)
(3)
July 30th
Puffins still taking fish to their nesting burrows
Lands with feet extended as above then falls rather clumsily forward on its breast causing a splash.
Beak actual size
(Probably brighter)
Skin round the eye
Leaden grey blue

22 **Austernfischer** *(Haematopus ostralegus)*, **Sandregenpfeifer** *(Charadrius hiaticula)* und **Krickente** *(Anas crecca)*, Felsküste Nant Bychan, 10. Sept. 1944.

Zu der Sammelgruppe der Seevögel rechnet man gewöhnlich auch verschiedene Watvögel (Limikolen), zum Beispiel Regenpfeifer, Steinwälzer und Austernfischer, ebenso manche Enten. Die abgebildete Krickente ist allerdings ein Wasservogel des Binnenlandes, der meist nur außerhalb der Brutzeit an der Küste erscheint.

Wegen der steigenden Flut mußten die Vögel ihre Positionen immer wieder verändern. Die Krickente wurde einmal überspült, verlor aber nicht ihren Halt auf dem tangbedeckten Felsen. Später flog sie auf das Meer hinaus und war auf den Wellen tanzend hübsch anzusehen.

23 Sandregenpfeifer *(Charadrius hiaticula)*, im Hintergrund zwei **Steinwälzer** *(Arenaria interpres)*, Dinas Point, 7. Sept. 1944.
Sandregenpfeifer sind kleine (etwa lerchengroße), sehr lebhafte Watvögel.
Unter den Sandregenpfeifern einige Jungvögel. Ihre Beine viel blasser als bei den Altvögeln, das Brustband brauner und nicht geschlossen. Kein Schwarz, abgesehen vom Auge. Die Sandregenpfeifer kamen oft innerhalb großer Tangbüschel zur Ruhe, so daß man dann die Beine nicht sehen konnte.
Der Trupp war stärker ausgeschwärmt und nicht so gleichmäßig verteilt wie abgebildet. Die Steinwälzer wendeten den Tang um.

24

24 Steinwälzer *(Arenaria interpres),* Felsküste Nant Bychan, 5. Juni 1942.
Steinwälzer im Brutkleid gehören zu den schönsten Watvögeln. Als Brutvögel des Nordens sind sie in Deutschland ebenso wie in England nur Durchzügler und Wintergäste. Ihre verwandtschaftliche Stellung ist strittig: Manche stellen sie zu den Schnepfen, andere in die Nähe der Regenpfeifer. Steinwälzer sind Stöberjäger, spezialisiert auf das Hervorholen versteckter Beutetiere. Mit ihrem keilförmigen Schnabel drehen sie dabei Steine um, aber auch Muschelschalen und Pflanzen. Sie sollen Steine umwälzen können, die doppelt so schwer sind wie sie selbst.

Kleiner Trupp von 8 bis 9, darunter ein besonders schön ausgefärbtes Männchen. Gefieder der übrigen sehr unterschiedlich und verwirrend.

25 **25 Austernfischer** *(Haematopus ostralegus),* Felsküste Nant Bychan, 4. Juni 1942.
Austernfischer sind auch bei uns häufige Strandvögel und nicht zu übersehen, zum einen wegen des auffälligen Gefieders, zum anderen wegen ihrer lärmenden Rufe, mit denen sie die Aufmerksamkeit auf sich ziehen. Namentlich bei Streitereien kommt es zu weit hörbaren „Trillerturnieren". Der Name Austernfischer ist für europäische Vögel irreführend, da sie sich hauptsächlich von Wattwürmern, Miesmuscheln, Herzmuscheln und Strandkrabben ernähren. An der Küste Nordkarolinas werden jedoch tatsächlich auch Austern verspeist.

In dieser Gruppierung von mir nicht wirklich gesehen, sondern es wurden die verschiedenen Haltungen von Einzeltieren notiert, die hier und dort auf dem Felsen ruhten. Schlafstellung. Unterbrechung der Gefiederpflege in Ausschau nach mir. Ruhehaltung.

26 Austernfischer *(Haematopus ostralegus)*, Felsküste bei Traeth Bychan, 28. April 1946.
Jede aufziehende Flut vertreibt Austernfischer und viele andere Seevögel aus ihren nur bei Niedrigwasser freiliegenden Nahrungsgründen. Sie weichen dann auf angestammte Hochwasserrastplätze aus.

Diese beiden Austernfischer verharrten auf dem Felsen, bis ihnen eine Welle zu groß und bedrohlich wurde. Aufziehende Flut.

27

27 Mantelmöwen *(Larus marinus)*, 1944 oder 1945.

Der Seevogelteil schließt mit zwei besonders sprechenden Möwenbildern. Während man die kleine Lachmöwe (Bild 28) auch tief im Binnenland, sogar in vielen deutschen Großstädten, treffen kann, muß man schon an die See fahren, um die großen Mantelmöwen zu Gesicht zu bekommen.

Zwei Mantelmöwen am Rande der Tangzone schwimmend. Die eine mit den Flügeln außerhalb des Flankengefieders.

28

28 Lachmöwen *(Larus ridibundus).* Malltraeth Lake, 2. Juni 1944.
Starker Wind. Unausgefärbte Lachmöwen im Gefieder des 1. Sommers.
Große Variationsbreite der Braunfärbung des Kopfes: einige fast vollständig braune Köpfe, andere ganz wie im Ruhekleid, viele Zwischenstadien. Innere Armschwingen sepiabraun oder lohfarben sepia. Auch einige winzige Deckfedern bei allen Tieren braun. Schwanz mit sepiabrauner Spitze.

Wat- und Stelzvögel

Außer wenigen Stelzvögeln (weiter hinten) geben die Bilder dieses Abschnitts hauptsächlich verschiedene Watvögel (Limikolen) wieder. Aus Rücksicht auf Format und Farbe der Skizzen konnten die Blätter nicht immer streng nach der Verwandtschaft der dargestellten Vögel angeordnet werden. Doch gilt im großen und ganzen folgende Reihenfolge: Zunächst die Säbelschnäbler als Beispiel für „Sonderlinge", dann wenige Regenpfeiferartige und schließlich das Heer der Schnepfenartigen: von den Strandläufern über die Wasserläufer und Kampfläufer bis hin zu den großen Uferschnepfen.

Aus dieser Reihe herausgenommen und als Titelbild an den Anfang gestellt wurde der kleine, knapp starengroße Bruchwasserläufer. Er ist eine recht streng an Süßwasser gebundene Art und veranschaulicht damit, daß die Watvögel an sehr verschiedenen Gewässern zu Hause sein können. Ihre Lebensstätten reichen vom Meer bis zum Moor tief drinnen im Binnenland.

29 Bruchwasserläufer *(Tringa glareola),* Cob Lake, 20. Aug. 1952. *Wahrscheinlich ein Jungvogel.*

Das Brutgebiet des Bruchwasserläufers liegt seinem Schwerpunkt nach in den Wäldern des Nordens und in der Tundra. Die letzten Ausläufer reichen bis zu den Mooren Schleswig-Holsteins und vereinzelt bis Schottland. Weiter südlich kann man den sehr selten gewordenen Vogel nur auf dem Durchzug nach Afrika beobachten.

August 20th. Lake.
Wood Sandpiper. Probably a juvenile.

30

30 Säbelschnäbler *(Recurvirostra avosetta),* Londoner Zoo, 12. Mai 1949.

Besonders auffällige Gestalten unter den Watvögeln sind Austernfischer, Steinwälzer und Säbelschnäbler. Bilder von den ersten beiden Arten finden sich im Seevogelteil. Der Säbelschnäbler – an unseren Küsten viel weiter verbreitet als in Großbritannien – hat den namengebenden Schnabel im Zusammenhang mit einer besonderen Form der Nahrungsaufnahme ausgebildet: Beim Säbeln oder „Mähen" tastet der leicht geöffnete Schnabel unter seitlichen Pendelbewegungen des vorgestreckten Kopfes nassen Schlick nach kleinen Beutetieren ab, wirbelt sie auf und fängt sie heraus.

Beim vorderen Vogel sind Schwarz und Weiß weniger scharf gegeneinander abgesetzt, vor allem auf dem Rücken und an den inneren Armschwingen. (Weitere Haltungsskizzen im Notizbuch).

31 Kiebitze *(Vanellus vanellus)*, Redesmere, 12. März 1939. Männchen (oben) und Weibchen im 1. Brutkleid.

Der Kiebitz, ein sehr bekannter Bewohner der Wiesen und Weiden des Tieflands, ist der größte unter den europäischen Regenpfeifern. Der englische Name „lapwing" bezieht sich auf die gaukelnden Flugspiele des Männchens im Frühjahr, bei denen ein besonderes Fluggeräusch entsteht: „lapping sound", auf deutsch „Wuchteln" genannt. Bei diesen Imponierflügen ruft der Vogel seinen deutschen Namen.
Das von Tunnicliffe erwähnte Klopfen des Kiebitz mit dem Fuß läßt Beutetiere (z. B. Regenwürmer) aus dem Boden hervorkommen. Nahrungserwerb durch „Fußtrillern" ist auch von anderen Regenpfeifern (z. B. Sandregenpfeifer, Bild 23) bekannt.

Kinn und Kehle dieses Vogels schwarz, aber die hinteren Schulterfedern noch hell gesäumt.
Beim Aufspüren von Beute auf den Weiden zwischendurch immer wieder „Fußtrillern" auf dem Boden. Das Bein vibrierte, während es etwas angehoben und dann wieder auf die Fußfläche aufgesetzt wurde.
Dieser Vogel mit starker Fleckung von Kehle und Kinn, auch die Brust nicht ganz durchgehend schwarz. Gesicht blaßgelb, und hintere Schulterfedern hell gesäumt.

32 Kiebitze *(Vanellus vanellus),* 2. Aug. 1948. Jungvögel.

Junge Kiebitze sind leicht an der kurzen Federholle des Hinterkopfs erkennbar, die noch wie ein Krönchen aussehen kann. Altvögel zeigen einen langen, spitzen, strähnigen Schopf (Bild 31); beim Männchen ist er im Brutkleid länger als beim Weibchen. Im Oberseitengefieder fehlt bei den Jungvögeln noch der grünliche Metallglanz der erwachsenen Kiebitze.

Beachte: Unterschwanzdecken nach oben über den Schwanz geringelt.

33 **33 Alpenstrandläufer** *(Calidris alpina)*, Cob Lake, 18. Mai 1949. Brutkleid.

Unter den europäischen Strandläufern (Gattung *Calidris*) ist der etwa starengroße Alpenstrandläufer der häufigste. Besonders imponierend sind die riesigen Schwärme aus dem Norden, die zur Zugzeit die Nordseewatten besuchen und den Beobachter durch ihre exakten Schwenkmanöver erfreuen. Die Angehörigen der auf den Britischen Inseln und bei uns in Schleswig Holstein brütenden Rasse sind durchschnittlich etwas kleiner und kurzschnäbeliger als die nordischen Gäste, aber schwer zu unterscheiden.
Im Hinblick auf die allen Rassen gemeinsame besondere Zierde des Männchens im Brutkleid sollte man die Vögel „Schwarzbauch-Strandläufer“ nennen. Jedenfalls wäre dieser Name weniger irreführend als der jetzige.

Auf dem Uferschlamm des Cob-Sees.
Bei einigen Vögeln sind dieser helle Saum (Pfeil) *und die Mantelzeichnung sehr ausgeprägt.*

34

34 Kiebitzregenpfeifer (Pluvialis squatarola), Malltraeth, 5. Okt. 1950.
Dieser in der sibirischen Tundra brütende etwas kleinere Vetter des Kiebitz ist an den britischen Küsten ein häufiger Wintergast, bei uns mehr ein Durchzügler.
Bei der Nahrungssuche im Watt verläßt sich der Kiebitzregenpfeifer auf sein Gehör. Immer wieder verharrt er lauschend am Ort, läuft dann zielgerichtet zu einer Stelle, die auch hinter ihm liegen kann, und zieht einen Wurm hervor.

Am Strand dem Haus gegenüber, einer morgens, einer abends. Auf Wurmsuche.

35 Sichelstrandläufer *(Calidris ferruginea).* Malltraeth Lake, Sept. 1945.

Dieses Blatt und die folgenden (außer Bild 39), befassen sich mit weiteren großen und kleinen Strandläufern, die mit dem Alpenstrandläufer (Bild 33) verwandt sind, aber hier insgesamt im Ruhe- bzw. Jugendkleid abgebildet wurden, weil sie wie der nicht näher verwandte Kiebitzregenpfeifer an den britischen und deutschen Küsten nur als Durchzügler oder Wintergäste aus Nordeuropa oder dem Hohen Norden Asiens und Nordamerikas auftreten.

Gewöhnlich zusammen mit Alpenstrandläufern, aber gelegentlich in reinen Sichelstrandläufer-Trupps.

36 Knutts *(Calidris canutus)*, Cob Lake, 12. Sept. 1952.

9 Knutts auf Nahrungssuche im Schlamm, mit raschen Stocherbewegungen (4 pro Sekunde). In Gesellschaft von 4 Sichelstrandläufern, ein paar Alpenstrandläufern und einigen Uferschnepfen.

37 Knutts *(Calidris canutus)*, Cob Lake, 16. Sept. 1952.

Noch immer 3 Knutts am Cob-See. Außerdem eine Pfuhlschnepfe,
6 Uferschnepfen, viele Alpenstrandläufer, 3 Zwergstrandläufer, ein Grünschenkel, Austernfischer, Kormorane. Heute keine Sichelstrandläufer.

Sept. 16.

38 Meerstrandläufer *(Calidris maritima)*, Llandwyn Lighthouse, 8. Jan. 1950.

Meerstrandläufer auf den Felsen unterhalb des Leuchtturms. Während der Nahrungssuche auf den Felsen von der Gischt großer Wellen übersprüht. – Ein breitgebauter Vogel.

Bei schlechtem Licht fallen diese beiden weißen Flecken auf der Rückseite auf (bei allen beobachteten Vögeln festgestellt).

Rutschen manchmal auf den Fußwurzeln sitzend einen glitschigen Felsen hinab.

39 Alpenstrandläufer *(Calidris alpina)* im Brutkleid und **Flußuferläufer** *(Actitis hypoleucos),* Cob Lake, 3. und 4. Mai 1952.

Ein kleiner Trupp Alpenstrandläufer am Cob-See, alle Vögel im blanken, neuen Gefieder, sehr frisch und adrett; auf dem Zuge Nahrung suchend, in Ufernähe bis an den Bauch im Wasser.

Flußuferläufer an den Ufern des Cob-Sees, insgesamt 3 Vögel. Einer der Vögel (Pfeil) *brauner als die beiden anderen gefärbt, und sein Überaugenstreif fahlgelb, während er bei den anderen weiß war.*

40 Sichelstrandläufer *(Calidris ferruginea)*, Cob Lake, 9. Sept. 1952.

Insgesamt 5 Sichelstrandläufer mit einem Alpenstrandläufer. Schnabel des Alpenstrandläufers (nicht abgebildet) *nach Größe und Biegung fast identisch mit denen der Sichelstrandläufer.*

41 Zwergstrandläufer *(Calidris minuta)*, Cob Lake, 12.–16. Sept. 1952.

Seit einigen Tagen mit Unterbrechungen entweder paarweise oder einzeln beobachtet. Bei gemeinsamer Nahrungssuche mit Alpenstrandläufern mischen sie sich nicht unter den Schwarm, sondern halten sich am Rande. Gefiederschütteln. Am 16. Sept. erschien mit zwei anderen dieser blasser gefärbte Vogel.

Little Stints.
Sept. 12-13.
Feather shaking
On Sept. 16 this pale bird
appeared with two others

42

42 Sanderlinge *(Calidris alba),* Lligwy Beach, 8. Sept. 1948.

Sanderlinge sind Strandläufer, die durch das viele Weiß im Gefieder und durch ihr Verhalten besonders auffallen. Im Gegensatz zu den meisten anderen Strandläufern sucht dieser Vogel seine Nahrung am Sandstrand in der Brandungszone. Dort rennt er im rollenden Trippelschritt „wie ein aufgezogenes Spielzeug" hinter den zurückweichenden Wellen her und pickt angespülte kleine Beutetiere eilig auf, bevor die nächste Welle anrollt. Entsprechend weicht der Sanderling dem Menschen lieber laufend als fliegend aus. Wie die meisten Strandläufer ist auch der Sanderling ein Gast aus der arktischen Tundra – aber ein häufiger Gast, den man stellenweise auch im Sommer an unseren Küsten beobachten kann.

Ein Trupp von 15 Jungvögeln, auf Nahrungssuche bzw. schlafend am Gezeitensaum. Ablaufendes Wasser. Gesamteindruck schwarz, grau und weiß, doch war der eine oder andere Vogel in der Gegend der oberen Brust und der Schultern blaß gelbbraun.

43

43 Grünschenkel *(Tringa nebularia),* Cob Lake, 27. März 1952.

Die Wasserläufer (Gattungen *Tringa und Actitis)* sind im Durchschnitt etwas größer und langschnäbeliger als die zuvor abgebildeten Strandläufer. Das Buch enthält – etwas verstreut – Skizzen von insgesamt vier Arten. Drei davon (Bild 29, 39, 44) brüten auch in Deutschland. Der hier abgebildete Grünschenkel ist bei uns nur Durchzügler aus Skandinavien. Er gehört zu den größten Arten. Mit dem schwach aufgeworfenen Schnabel kann der Grünschenkel das flache Wasser ähnlich „durchmähen" wie der Säbelschnäbler (Bild 30) den nassen Schlamm.

Heute morgen 3 Grünschenkel am See. Gefieder vom Wind aufgerichtet.

44 Rotschenkel *(Tringa totanus),* Malltraeth Lake, 15. Sept. 1946. *Im Gefieder des 1. Winters?*
Ein Vogel, dessen laute und klangschöne Stimme früher auch in zahlreichen Feuchtgebieten des Binnenlandes zu hören war, der dort aber durch Entwässerungen und Urbarmachungen immer seltener wird. Ein aufgestörter Rotschenkel streicht mit einer Salve heller, hoher Laute ab, die wie „tü-tü-tü" oder „tü-rü-lü" klingen. Lautmalerisch heißt der Vogel auf niederländisch darum „Tureluur" (wobei das „u" bekanntlich wie „ü" ausgesprochen wird).

45

45 Kampfläufer *(Philomachus pugnax),* Wiesentümpel bei Malltraeth, 2. und 10. Sept. 1945. Jugendkleid.

Der Kampfläufer wirkt im Jugend- und Ruhekleid wie ein unscheinbarer Wasserläufer. In Wahrheit ist er ein hochspezialisierter Verwandter der Strandläufer, der seine Besonderheiten erst zur Balzzeit entfaltet (Bild 47). Die Weibchen bleiben in der Körpergröße um ein Drittel hinter den Männchen zurück.

Beobachtete Höchstzahl: 5. Größenunterschiede sehr auffällig. Die größeren Exemplare stärker gelbbraun überlaufen, die kleineren mit deutlicherer Schwarzweiß-Zeichnung an den Säumen der Schulter- und Flügelfedern.
Oft noch stärker aufgerichtet als hier (Pfeil).

46 Kampfläufer *(Philomachus pugnax),* Malltraeth Lake, 9. Sept. 1946. Ruhekleid.

Ein einzelnes Männchen am See.
Es erscheint kaum glaubhaft, daß die beiden hier gegenübergestellten Bilder beide ein Männchen derselben Vogelart wiedergeben. Während sich die beiden Geschlechter im Ruhekleid recht ähnlich sehen, ist das Männchen im Brutkleid völlig verwandelt. Es legt sich eine riesige, entfaltbare Halskrause und eine Perücke aus zwei aufrichtbaren Nakkenbüscheln zu. Nach dem Eintreffen im Brutgebiet beginnen die Kampfspiele der solcherart geschmückten Männchen auf einer grasigen Arena, d. h. einem Gemeinschaftsbalzplatz. Die schlicht gefärbten Weibchen kommen dorthin zur Begattung und besorgen dann das Brüten und die Jungenaufzucht allein.

47

47 Kampfläufer *(Philomachus pugnax)*, Cob Lake, 9. Juni 1949. Männchen im Brutkleid. *Bei der Nahrungssuche.*

Bei keiner anderen Vogelart ist die Färbung und Zeichnung des männlichen Prachtkleids so reich an individueller Variation. Halskrause und Perücke können unabhängig voneinander schwarze, braune, gelbe, graue und weiße Farbtöne in verschiedenen Mustern zeigen.

48

48 Uferschnepfen *(Limosa limosa)* im Brutkleid und (sitzend) eine **Bekassine** *(Gallinago gallinago),* Wiesentümpel bei der Bont Farm, Anfang Aug. 1948.
Die (schwarzschwänzige) Uferschnepfe und die (gestreiftschwänzige) Pfuhlschnepfe (Bild 49) gehören zusammen mit den Brachvögeln zu den größten europäischen Schnepfen.
Die kleinere und langschnäbeligere Bekassine wird auch „Himmelsziege" genannt, da ihre im Balzflug stark abgespreizten äußeren Schwanzfedern beim schrägen Absturz so stark vibrieren, daß ein „meckerndes" Geräusch entsteht.

49 Pfuhlschnepfen *(Limosa lapponica),* Iona, 24. Sept. 1934.
In geringer Zahl (5 oder 6) auf Nahrungssuche am Gezeitensaum, zusammen mit Austernfischern. Nach Körpergröße etwas unter dem Austernfischer, der sie aus ihren Nahrungsgründen vertreibt.

Sept. 24th IONA.
Godwit.
On tide edge feeding with Oyster-catchers.
In small numbers 5 or 6
In size slightly less than Oyster catcher
which bullies them from their feeding.

50

50 Uferschnepfe *(Limosa limosa),* Glan Avon, Sept. 1944. 1. Ruhekleid.

51 Löffler *(Platalea leucorodia),* Foryd-Ästuar, 15. Okt. 1950. Jungvogel.

Zunächst von einem Nebenarm des Hauptflußbetts aufgescheucht, flog er ein Stück und landete mitten unter Möwen. Später flog er erneut auf und ging dort nieder, wo Hunderte von Pfeifenten waren. Keine Federhaube, kein Gelb am unteren Hals. Handschwingen mit dunklen Spitzen.
Haltungs- und Bewegungsstudien (von oben nach unten):

1

Zuerst bei der Nahrungssuche an einem Nebenarm unweit des Hauptflußbetts beobachtet. – Nahrungsaufnahme mit seitlichen Pendelbewegungen des Schnabels fast wie ein Säbelschnäbler. – Alarmiert und abflugbereit. – Putzend. Bei den ersten Flügelschlägen baumeln die Beine noch herab, und der Hals ist etwas gekrümmt.

Haltung im Fluge. Schnabel, Körper und Beine können sogar noch mehr auf einer Gerade liegen als hier. Ungefähr 2–2½ Flügelschläge in der Sekunde, schneller als beim Graureiher. Manchmal werden Gleitstrecken eingeschaltet. Beim Landen werden die Beine nach vorn gebracht, der Hals krümmt sich, und die Flügel bremsen allmählich ab.

52 Graureiher *(Ardea cinerea),* Foel Ferry, und unausgefärbte **Heringsmöwe** *(Larus fuscus),* Malltraeth Marsh, 4. Mai 1952.

Reiher auf dem Geländer des Fähren-Anlegers sitzend. Beim Schnabelkratzen mit der Kralle des Mittelzehs.
Mehrere unausgefärbte Heringsmöwen bei der Nahrungssuche auf dem Weideland, zusammen mit Altvögeln und Silbermöwen.
Nicht alle heute beobachteten unausgefärbten Vögel hatten diese weiße Spitze (Pfeil).

53 Graureiher *(Ardea cinerea)*, Shorelands, 14. Nov. 1947. Unausgefärbtes Exemplar.
Dem Reiher war ein Plattfisch in der Kehle steckengeblieben. Dieser Zustand dauerte vielleicht eine halbe Stunde. Der Vogel konnte den Fisch eine Zeitlang weder hinunterschlucken, noch ausspeien.

Einzelstudien:
Anstrengungen, den Fisch hinunterzuwürgen.
Beim Versuch, ihn wieder auszuspeien.
Erneutes Ergreifen nach dem Ausspeien.
Nachdem das Schlucken geglückt war, konnte man zusehen, wie der Fisch den Reiherhals hinabwanderte (oben).

54 Uferschnepfen *(Limosa limosa),* Malltraeth, Wiesentümpel, 2. Aug. 1948.
Die drei vorstehenden Blätter galten den Stelzvögeln, die eine Vogelordnung für sich bilden. Vorgestellt wurden der ibisverwandte Löffler, der sowohl England als auch Deutschland von seinen niederländischen Brutkolonien aus besucht, und der allbekannte Grau- oder Fischreiher.

Zum Schluß des Abschnitts eine Rückkehr zu den Watvögeln: In einen sehr stimmungsvollen Landschaftsausschnitt sind zwei Uferschnepfen in typischer Drohhaltung hineinkomponiert.
Das Sträuben des Rückengefieders und das Schwanzsenken drücken einen Konflikt zwischen Angriffs- und Fluchttendenzen aus.

Gänsevögel, Taucher und Rallen

Eine passende Überschrift über diesen Abschnitt wäre auch das Wort „Wassergeflügel". Dieser Ausdruck ist jedoch etwas schillernd. Genauer ist die gewählte Überschrift, aus der hervorgeht, daß die hier zusammengestellten Wasservögel drei verschiedenen Vogelordnungen angehören, die nicht näher miteinander verwandt sind. Allerdings sind Taucher und Rallen nur auf den drei letzten Blättern zu sehen. Bei allen übrigen geht es um Gänsevögel, also Wassergeflügel im engeren Sinne, und zwar Gänse, Schwäne, Halbgänse und Enten.
Am Beginn stehen Darstellungen von Gänsen und Schwänen. Gemeinsam ist diesen beiden Gruppen außer der meist beachtlichen Körpergröße die Gleichheit des Gefieders in beiden Geschlechtern. Typisch für Enten ist demgegenüber das Prachtgewand, das nur die Männchen tragen, und zwar im Unterschied zu den Watvögeln während der kalten Jahreszeit. Nur in den Sommermonaten, etwa von Juni bis September, ist das Gefieder der Erpel weibchenähnlich schlicht und damit unauffällig. Das ist wichtig, weil sie im Sommer wie fast alle Gänsevögel im Zuge einer sehr einschneidenden Mauser alle Schwungfedern gleichzeitig verlieren (Bild 73) und damit für einige Wochen flugunfähig werden.
Einzelheiten zur geselligen Balz der Schwimmenten (Gattung *Anas*) sind vor allem auf Bild 74 (Spießenten) und in Tunnicliffes Begleitnotizen zu finden. Der Name der jeweils vermutlich gemeinten Balzkomponente wurde in der Terminologie von Konrad Lorenz in Klammern hinzugefügt.

55

55 Graugänse *(Anser anser)*, 4. Jan. 1951.

Graugänse werden auch einfach „Wildgänse“ genannt, weil sie die wilden Vorfahren unserer zahmen Hausgänse sind. Überwinternde Graugänse (das Bild entstand im Januar) sind für die Britischen Inseln ein gewohnter Anblick, für Deutschland ein seltener. Die bei uns brütenden Graugänse (nur noch östlich der Elbe) verbringen den Winter in Südspanien und Portugal.

32 Graugänse auf einer sumpfigen Wiese grasend. Einzelnotizen: *watschelnd* (oben rechts), *in Alarmbereitschaft* (Mitte), *trinkend* (unten, zwei verschiedene Haltungen).

56 Kanadagänse *(Branta canadensis),* Birtles Pool, 5. März 1946.
Alle Gänse der Gattung *Branta* haben einen verhältnismäßig zierlichen, insgesamt schwarzen Schnabel und werden als Meergänse den Feldgänsen *(Anser*-Arten) gegenübergestellt.
Die große Kanadagans wurde aus Nordamerika ursprünglich als Parkvogel in Europa eingeführt. Sie nistet inzwischen auch in freier Wildbahn in Großbritannien und Südschweden und erscheint außerhalb der Brutzeit auch in Deutschland.
Gänsepaar auf Eis und gefrorenem Morast. Vögel tadellos im Gefieder. Tote Vegetation im Hintergrund aus Binsen und großen Weidenröschen.

57

57 Kanadagänse *(Branta canadensis)*, Redesmere, 29. Oktober 1944.
Teil einer Schar von 32 Gänsen, die im seichten Waser des Sees schliefen, nicht schwimmend, sondern auf dem Grunde stehend. Wasser silbergrau, etwas dunkler dort, wo es sich kräuselte und die Spiegelbilder der Gänse und der Vegetation in die Länge zog. – Die Gänse zeichneten sich scharf gegen den grauen Hintergrund ab. Am hellsten die Brust oberseits; Brust unten violettgrau schattiert, an den Seiten über ein blasses Graubraun in das Sepiabraun am Ende der Flanken übergehend. Rückenfarbe ein sanfter Braunton, die blassen Federsäume nur bei genauem Hinsehen erkennbar. – Eine Gans hatte eine seltsame Haube aus sepia- bis rehbraunen Daunenfedern in der Nackengegend.

58 Weißwangengänse *(Branta leucopsis),* Kendal, 27. Juli 1944. Gössel.
Junge Weißwangengänse sind auch für England etwas Ungewöhnliches, da diese Gänseart (die auch Nonnengans heißt) in der Arktis brütet und an britischen und deutschen Küsten nur ein Wintergast ist. Das hier halbwild gehaltene Gänsepaar (Bild 59) hatte sich im Steinbruch einen Brutplatz ausgesucht, der den natürlichen Verhältnissen sehr nahe kam: Weißwangengänse brüten in der Arktis gewöhnlich auf den Vorsprüngen steiler Felsriffe, oft hoch über dem Tal.

Junge Weißwangengänse, nach Skizzen aus Kendal.

59

59 Weißwangengänse *(Branta leucopsis)*, Kendal, Juli 1944.
Gänsefamilie auf dem Grundstück von Herrn Abbott, Sawmill Lane, nach Skizzen vom 27. Juli. Die Gössel waren am 14. Juli geschlüpft, das Nest lag an der Steilkante eines Steinbruchs. Die Altvögel waren von Herrn Abbott auf der Jagd flügellahm geschossen worden.

60 Höckergans *(Anser cygnoides* f. domesticus) Bradley Hall bei Clitheroe, 24. Nov. 1934.
Die Höckergans ist die auch in Europa gehaltene Haustierform der ostasiatischen Schwanengans.
Anfängliche und spätere Haltung bei Beunruhigung.
Bei Junggänsen ist der Stirnhöcker nicht annähernd so groß, und es fehlt das Orange.

First position when alarmed
2nd position
Younger Geese have not nearly such a large knob and no orange showing
Chinese Geese. Nov. 24
Bradley Hall. Nr Clitheroe

Red breasted Geese. Zoo. May 22nd.

Auf der vorhergehenden Seite:

61 Rothalsgänse *(Branta ruficollis),* Londoner Zoo, 22. Mai 1952.
Eine kleine sibirische Wildgans, in West- und Mitteleuropa nur als Irrgast oder in Gefangenschaft.

62 Zwergschwan *(Cygnus bewickii)*, Malltraeth Lake, Februar 1946. Bewegungsstudien: Auffliegen und Landen.

(1) Vor dem Abflug wird der Hals gerade, und das Rufen des Vogels klingt erregter als sonst.
(2) Unter anhaltendem Rufen werden die Flügel etwas angehoben, ohne Vortrieb schlagen sie mehrfach auf der Stelle.
(3) Der Vogel rennt jetzt unter vollem Flügelschlag über die Wasseroberfläche, bis er abhebt.
(4) Bein- und Fußhaltung im normalen Flug.

Unten:
Während des Fluges wird der Schwanz ganz ausgebreitet und offenbar an den Seiten hochgeschlagen, so daß er fast schüsselförmig aussieht.
Im Niedergehen; die Füße beginnen sich zu senken. Sie werden heruntergelassen, wenn der Vogel noch hoch in der Luft ist – wohl 10 Meter hoch.
Ansicht der Füße von hinten.
Landet oft mit ungekrümmtem Hals.
Beim Aufsetzen auf das Wasser wird der Hals manchmal gekrümmt, Flügel und Schwanz bremsen die Vorwärtsbewegung, die Füße treffen als erste auf das Wasser auf und durchpflügen die Oberfläche, bis der Vogel zum Stillstand kommt.

63 Höckergans *(Anser cygnoides* f. domesticus), August 1942. Weiße Haustierform. Haltungsstudien.

64 Höckergänse *(Anser cygnoides* f. domesticus), August 1942. Weiße Haustierform. Haltungsstudien.

65 Höckerschwäne *(Cygnus olor),* Redesmere, 21. Jan. 1946. Auf dem Eis kämpfende Männchen.

Die beiden Schwanenmänner gehen aufeinander los mit zurückgebogenen Hälsen, aufgestellten Flügeln und aufgeplustertem Gefieder. Ihr Schritt ist stetig und ohne Hast.
Der erste Zusammenstoß: Jeder ist bestrebt, sich am Hals des anderen festzubeißen. Einer hat Erfolg und versucht, den anderen auf das Eis zu drücken.
Er löst den Halsgriff, legt seinen eigenen Hals über den Rücken des Kontrahenten und drückt ihn nieder. Schließlich gelingt es ihm, des Gegners Hals erneut zu packen und ihm auf den Rücken zu steigen. Er preßt solange, bis Hals und Kopf des Gegners flach auf dem Eis liegen.
Später trennen sie sich, und es beginnt eine Verfolgungsjagd mit fortgesetzten Kämpfen hier und dort auf dem Eis. Teils rennen sie über das Eis, teils überfliegen sie es im Tiefflug. Beim Herabkommen rutschen sie meterweit, bevor ein Stopp erreicht wird. Beim Landen auf dem Eis schliddern sie auf Füßen und Schwanz. In den Ruhepausen schienen die Vögel oft zu erschöpft, um noch aufstehen zu können. Von Zeit zu Zeit näherten sich die Familienangehörigen den beiden Kämpen, aber sie griffen nicht ein.

The two cobs approaching each other
necks back wings dropped and plumes raised.
Stately unhurried walk.
The first flurry, each tries to fasten onto the neck of the
other. One succeeds and attempts to press the other to the ice
Loosing his grip on neck he loops his own neck over back of
opponent and presses down. Eventually he manages to grip his opponents neck, gets on top of him and
presses down until his opponents
neck and head are flat on ice
Later they break away and the chase and the struggles goes
on from place to place on the ice. At times they run over the
ice at others they are just air-borne and when coming onto
the ice they skid for yards before coming to a standstill.
Often on coming to rest the birds seemed too exhausted to
stand up. At intervals the rest of the families approached the fighting
birds but did not take part in the fighting.
Redesmere. Jan 21st 46
Landing on ice they
skid along on their feet and
tails

66

66 Zwergschwäne *(Cygnus bewickii)*, Malltraeth Lake, 20. Febr. 1946. Familie (die beiden Jungvögel rechts).
Dieser kleine Vetter des Singschwans tritt in Großbritannien und bei uns als Wintergast aus Nordrußland auf. Er ist ein wildlebender Vogel, während die allbekannten Höckerschwäne (Bild 65) nur zu häufig gehegte oder halbverwilderte Parkschwäne sind.
Oft wird der Zwergschwan nicht als selbständige Art, sondern als Unterart des eng verwandten nordamerikanischen Pfeifschwans *(Cygnus columbianus)* betrachtet.

7

67 Zwergschwäne *(Cygnus bewickii).* Malltraeth Lake, 24. Febr. 1946. Variation der Schnabelfärbung.

Die Verteilung von Gelb und Schwarz auf dem Schnabel des erwachsenen Zwergschwans ist individuell recht verschieden. Reicht das Schwarz auf dem Schnabelfirst bis zur Stirn, so erkennt man zwei große gelbe, vorn abgerundete Flecken, sonst ein fast einheitliches gelbes Querband. Die Jungschwäne (kenntlich auch am bräunlichen Kopf) zeigen verschiedene Kombinationen von Schwarz, Rosa und Weiß. In allen Fällen ist der harte, hornige „Nagel" an der Schnabelspitze dunkel.

68 Brandenten *(Tadorna tadorna),* Traeth Bach, 28. Mai 1945. Erpel (rechts) und Ente.

Die systematische Einordnung der Brandenten oder Brandgänse in die Gruppe der „Halbgänse" bringt ihre Zwischenstellung zum Ausdruck. Gänseähnlich ist außer der für eine Ente bedeutenden Körpergröße vor allem die Gefiedergleichheit der Geschlechter (die mattere Färbung des Weibchens auf diesem Blatt ist, zumal im Blick auf Bild 71, zufällig). Wahrscheinlich stehen diese Vögel jedoch dennoch den echten Enten näher, und die erpelhafte Farbenpracht des Weibchens ist deshalb möglich, weil es sichtgeschützt in verlassenen Kaninchenbauten brütet.

Färbung der Ente viel matter als beim Erpel. Dieses Männchen hatte einen sehr kleinen Schnabelhöcker.

69 **69 Brandenten** *(Tadorna tadorna),* Cob Lake, 27. Aug. 1949.
Jungvögel, schon gute Flieger und ohne begleitende Eltern.

In den Monaten Juni und Juli werden die jungen Brandenten allmählich „entwöhnt“. Zunächst werden sie von den abreisenden Eltern in „Kindergärten“ gesteckt, wo wenige Altvögel viele Jungvögel betreuen. Schließlich findet man auch reine Jungvogel-Trupps. Die Altvögel versammeln sich unterdessen zu Zehntausenden an angestammten Mauserplätzen. Der bekannteste ist der Große Knechtsand zwischen Weser- und Elbemündung. Auch ein großer Teil der britischen Brandgänse zieht dorthin, andere versammeln sich im Bristol-Kanal

70

70 Brandenten *(Tadorna tadorna),* Cob Lake, 8. Aug. 1951. Jungvögel.

Beim Vergleich von Bild 70 und 71 wird deutlich, daß sich junge, schon flugfähige Brandenten außerordentlich stark von ihren Eltern unterscheiden. Die Jungvögel sind oberseits aschfarben und an Kinn und Wangen weiß. Der Schnabel ist noch blaßrot, die Beine erscheinen grau (Bild 69). Vor allem aber fehlen die rostrote Brustbinde und der dunkle Mittelstreif der Unterseite.

Junge Brandenten aus einem Trupp von 18 auf dem Cob-See. Hier neue dunkle Federn (Pfeil), *die übrigen Schulterfedern ausgeblichen, fast silberig.*

71

71 Brandenten *(Tadorna tadorna)*, Green Marsh, Ty Gwyn, 26. Mai 1945.

Paarweise im sumpfigen Marschland. Oft einer der Partner bei der Nahrungssuche in den flachen Tümpeln, während der andere dann immer wie auf Wache dabeistand (Bild 68).

Ab und zu Imponiergehabe, d. h. Bewegungen von Kopf und Hals: Hals abwechselnd vertikal gestreckt und abwärts gekrümmt, bis der Schnabel die äußersten Brustfedern berührte.
Oft flogen sie kurze Strecken in der Marsch umher, unter engem Zusammenhalt des jeweiligen Paares.

72 Stockenten *(Anas platyrhynchos)*, Redesmere, 9. Febr. 1946. Die Erpel im Prachtkleid, die vordere Ente beim „Nickschwimmen".

73 Stockenten *(Anas platyrhynchos)*, Gawsworth Pool, Juli/Aug. 1935. Erpel im Verlauf der Ruhemauser (Schlichtkleid mit Anfangsstadien des Prachtkleids).
1. Juli (1 und 2): *Diese beiden Stadien am selben Tag beobachtet: (1) Recht frühes Stadium der Mauser. (2) Späteres Stadium.*
4. August (3 und 4): *(4) Unteres Brustgefieder dieses Vogels perlgrau mit einem unbestimmten rosa Braunton, an den Außenseiten mit halbmondförmigen Flecken.*
18. August (über Nr. 4): *Hatte die Anfänge des weißen Halsrings als eine dünne Linie vorn um den Hals (in dieser Haltung nicht zu sehen).*

Mallard Drake in eclipse P.
July 1st
Both these stages seen on the same day.
July 1st
Later stage of moult
(2)
Fairly early stage of moult
July 1st
(1)
Had the beginnings of the white ring on neck as a thin line round the front of the neck. (not seen in this posit)
Aug 18th
(3)
Aug 4th
(4)
Aug 4th

Impetuous plunging from a height;
gliding down with wings set
gliding down on set wings
wing flapping before touching water.
Easter Monday
March 26th Eck Lake. Raining. Much flood water and lake very high. Half a dozen wigeon there when I arrived, 9 a.m. also a few pairs of pintail. Later more pintail arrived until there were between 40 and 50, and those that were not feeding near the edge swam about in groups in which there was a marked preponderance of drakes. Often the drakes displayed, adopting positions drawn below.
6 Goldeneye also came to the lake and there were Shelduck (2) Mallard 2. Teal. 2. Shoveller perhaps 20. Several Cormorants fishing, a heron under the cliff, a Greenshank on shore, varying numbers of Redshank, Black headed Gulls and lapwings.
Head and neck raised suddenly
Slight raising of fore body, bill pointing down.
Display. Quick raising of hind body and the tail. Bill pointing downwards.
Drakes with ducks swimming about in a troupe
At times ducks also jerked head and neck up and down

74 Spießenten *(Anas acuta),* Cob Lake, 26. März 1951

Ostermontag. Regen. Die Seeufer überflutet, starkes Hochwasser. Bei meiner Ankunft um 9 Uhr morgens ein halbes Dutzend Pfeifenten, auch einige Spießenten-Pärchen. Später kamen noch mehr Spießenten, bis es 40–50 waren. Alle, die nicht in Ufernähe auf Nahrungssuche gingen, schwammen umher in Gruppen, in denen die Erpel überwogen. Häufiges Imponieren der Erpel, ihre Bewegungen sind unten skizziert.
Auch 6 Schellenten fanden sich auf dem See ein. Außerdem waren zu sehen: 2 Brandenten, 2 Stockenten, 2 Krickenten, wohl 20 Löffelenten, mehrere fischende Kormorane, ein Reiher, am Ufer ein Grünschenkel, Rotschenkel in wechselnder Zahl, Lachmöwen und Kiebitze.
Einzelnotizen zum Landemanöver (von oben nach unten):
Im ungestümen Sturzflug aus der Höhe; mit ausgebreiteten Flügeln niedergehend; flügelschlagend kurz vor der Berührung mit dem Wasser; beim Auftreffen, den Kopf kurzfristig zurückgeworfen.
Einzelnotizen zur geselligen Balz (von links nach rechts):
Bei aufgerichtetem Vorderkörper werden Kopf und Hals hakenförmig abwärts gekrümmt („Grunzpfiff").
Leichtes Anheben des Vorderkörpers bei gesenktem Schnabel, plötzliches Hochreißen von Kopf und Hals (Balzeinleitungsgebärde).
Imponiergehabe: rasches Aufrichten von Steiß und Schwanz, Schnabel weist abwärts („Kurzhochwerden").
Erpel und Enten in bunten Haufen umherschwimmend, auch Enten zuweilen mit ruckartigen Auf-Ab-Bewegungen von Kopf und Hals („Nickschwimmen").

75 Schnatterenten *(Anas strepera),* Cemlyn Lake, 15. März 1951.

Ein Schnatterenten-Paar unter vielen Pfeifenten, Löffelenten, Krickenten, Möwen usw. auf dem See. Das Pärchen ruhte auf dem herabgefallenen Ziegelschutt unterhalb der großen Cemlyn-Mauer. Der Erpel in der Sonne stark glänzend; im Stehen kein weißer Spiegel sichtbar, er zeigte ihn erst auf dem Wege zum Wasser. Beim Schwimmen war der Spiegel dann praktisch ständig verborgen (das war bei einem früheren Besuch nicht der Fall: Der Erpel wurde damals überhaupt deshalb als Schnatterente angesprochen, weil beim Schwimmen ein weißer Spiegel auffiel).
Während des Aufenthalts am Ufer trank der Erpel oft aus einer Pfütze auf dem Schutt, nach dem Eintauchen wurde der Schnabel bei gesenktem Kopf gehoben.
Ente und Erpel machten mehrere kleine Schwimmausflüge. Nach kurzer Nahrungssuche im Wasser kehrten sie zum Weiden und Putzen ans Land zurück. Ein warmer, sonniger Tag.
Einzelnotizen: *Seine Brust schimmerte in der Sonne wie Metall. Trinkend.*

76 Pfeifenten *(Anas penelope).* Llyn Coron, 15. Februar 1951.

Das Wasser wimmelte von Enten, hauptsächlich Pfeifenten, zusammen mit Löffel-, Krick-, Reiher- und Tafelenten. Pfeifenten in großer Überzahl. Das Pfeifen der Erpel erfüllte die Luft. Eine aufgeregte Gesellschaft, bestehend aus einer Ente und fünf Erpeln, schoß im Fluge über das Wasser hin und her, und als die Ente auf die Wasseroberfläche niederging, stießen weitere Erpel zu der Gruppe. Einmal wurde die Ente von 8 oder 9 Erpeln zugleich gejagt.
Manchmal änderte die Ente plötzlich ihren Kurs und schien die Schar der verfolgenden Erpel zu durchfliegen.
Im Gleitflug ein Stück emporjagend.
Haltung beim Umherschwimmen unter Lautgebung. Die Erpel schienen dabei mehr Weiß am Flügel zu zeigen, als normalerweise sichtbar.
Diese Haltung wurde gelegentlich von einzelnen Erpeln eingenommen, wenn die Gesellschaft auf das Wasser niederging.

Cemlyn Lake March 15th.
Gadwall pair
The sun made his breast gleam like metal.
Drinking
While he was on shore he drank often from a pool in the debris, sipping, then lifting head and tilting bill up
Several times both duck and drake went for short swims and after a little feeding returned to snooze or preen on shore. A warm sunshiny day.
A pair of Gadwall with many Wigeon Shovelers Teal Gulls etc on the lake. Gadwall resting on the tumbled brick debris below the big wall of Cemlyn. Drake very glossy in the sunlight. No white speculum showing as he stood but when he moved to the water did he reveal it. On the water it was practically hidden all the time. (This was not the case on a previous occasion at Cemlyn when drake Gadwall was identified first by conspicuous white speculum showing as he swam.

Feb 15th. Llyn Coron.
Water swarming with duck, chiefly Widgeon, with Shoveller
Teal, Tufted, Pochard. Big majority Widgeon the drakes whistling
so that the place was full of their calls. One excited group of
one duck and five drakes sped over the water this way and
that and when the duck came down to the surface other
drakes joined the group and at one time she was chased
by eight or nine drakes.
Sometimes the duck would
suddenly change direction and seemed
to cut through the group of pursuing
drakes.
Sweeping up in a
glide
Attitude when swimming
about calling. The drake
seemed to display a larger patch
of white on wing than normal
Occasionally this attitude
was adopted by a drake when the
company alighted

Broods 21 days.
Pale ashy grey
Pale grey
Female on nest.
Male has ruff much blacker and bigger
Dark leaden black with traces of dark brown.
Leaning slightly on the left side and showing light under sides
Redmere
Nest of dead reed stalks
Pale Ochre and dark green and brown
Cock bird much darker than hen. Blacker on the ruff and darker marks on flanks. and a wider black stripe down the neck.

77 Haubentaucher *(Podiceps cristatus)*, Redesmere, 14. Juli – 4. Aug. 1935.

Hauptskizzen (Mitte oben und unten):
Das Weibchen auf dem Nest. Brütet 21 Tage. Halskrause beim Männchen viel schwärzer und größer.
Beim Schwimmen ist von den braunen Flanken wenig erkennbar, man sieht dann hauptsächlich die bleigrauschwarze Färbung.
Das Weibchen neigt sich etwas nach links und zeigt die helle Unterseite (zwei Pfeile).
Nest aus toten Schilfstengeln, blaß ockergelb sowie dunkelgrün und -braun.

Nebenskizzen links (von oben nach unten):
Jungvogel: *Fahl aschgrau, grauweiß mit schwarzbraunen Streifen, blaßgrau.*
Altvögel:
Das Weiß der Flügelvorderkanten und der Armschwingen zeigt sich minutenlang, ehe der Flügel von den Flankenfedern überdeckt wird.
Dieses Nest lag etwa 5½ Meter vom Seeufer zwischen Schilfrohr und Seerosen. Häufig vorbeifahrende Autos.
Das Männchen ist viel dunkler als das Weibchen: mehr Schwarz an der Halskrause und dunklere Flankenzeichnung sowie ein breiterer schwarzer Nacken-Längsstreif.
Nebenskizzen rechts (von oben nach unten):
Farbnotizen: *dunkelbleigrau mit Spuren von Dunkelbraun, reinweiß, braun und cremefarben, rehbraun mit dunkelbrauner Zeichnung. Diese Federn sind mattbraun mit blassen und zuletzt weißen Säumen.*
4. August. Dieser Jungtaucher sah fast so groß aus wie das erwachsene Weibchen.

78 Haubentaucher *(Podiceps cristatus)* und junges **Bläßhuhn** *(Fulica atra)*, Redesmere, 9. Juni 1938.

Haubentaucher (Altvogel) im Fluge. Nachschleppende Beine und Füße sehr auffällig. Rasche Flügelschläge. Im Begriff zu landen.

Bläßhuhn-Küken. Der Schnabel sieht im Gegenlicht halb durchsichtig aus und an der Spitze dunkler (er ist dort wahrscheinlich dichter). Fällt das Licht auf den Schnabel, so ist die Spitze blaß.
Die vier Jungen erhielten von den Eltern ein Futter, das wie junge, zarte Seerosenschößlinge aussah.
Farbnotizen (von links nach rechts): *blasse Spitze, scharlachrot, bläulich scharlachrot, hellrote Dunen mit dunkler Basis, helle Dunen.*

79

79 Teichhuhn *(Gallinula chloropus)*, Redesmere, 6. Juli 1945.
Bläßhuhn (Bild 78) und Teichhuhn sind trotz ihres Namens keine Hühnervögel, sondern Rallen, also Kranichverwandte. Man versucht vielfach, durch Umbenennung in „Bläßralle“ und „Teichralle“ darauf hinzuweisen. Rallen wie auch Haubentauchern (Bild 77 und 78) fehlen die Schwimmhäute des Entenfußes. Haubentaucher und Bläßhuhn haben jedoch Zehenlappen als Ersatz.

Teichhuhn mit Jungem zwischen Seerosen. Das Weibchen hielt die Flügel gekreuzt und sehr hoch. Es fütterte das Küken mit Seerosenstückchen und auch mit Kleingetier von den Blättern.

Eulen und Greifvögel

Eulen (Gegenstand der ersten Bilder dieses Abschnitts) jagen gewöhnlich nächtlicherweise in geräuschlosem Flug und bekanntlich vor allem mit Hilfe ihrer auf Richtungshören spezialisierten Ohren. Da jedoch alle Eulen nicht nur in der Dämmerung, sondern auch bei Tage gut sehen können, ist das Vorkommen von vorwiegend tagaktiven Augenjägern (Schnee-Eule, Bild 82) nicht verwunderlich.
Unter den Greifvögeln, die sämtlich auf diese Weise jagen, unterscheidet man hauptsächlich zwischen Falken (Mehrzahl der folgenden Greifvogelbilder) und Habichtartigen (nur Bild 86 und 87). Die Falken sind Griffhalter und Schnabeltöter, d. h. sie töten die ergriffene Beute mit dem Biß des Schnabels, die meisten Habichtartigen sind Grifftöter. Vertreter beider Greifvogelgruppen wurden vom Menschen von alters her im Rahmen der „Falknerei“ als Jagdgehilfen („Beizvögel“) abgerichtet.

80 Schleiereule *(Tyto alba)*, Herbst 1934.

Bei der Schleiereule sind die als „Schleier“ bezeichneten, kranzförmig angeordneten Gesichtsfedern, die alle Eulen haben, durch ihre Helligkeit besonders auffallend. Weniger auffällig sind die Schleiereulen-Laute, die man von ihren Lieblingsplätzen (Kirchtürmen, Scheunen, Ruinen) gelegentlich hören kann. Meist bringt sie nur ein Schnarchen, Fauchen und Schnabelknappen hervor.

Juvenile Little Owl.
Brought in a paper bag
Could not fly when it came to
us. Fed on rabbit and dead
birds. Aug 15th strong on the
wing and very fat
Pose adopted when ready to fly off perch.
Often with a bobbing up and down of head and neck.

81 Steinkauz *(Athene noctua),* Shorelands, 13. und 15. Aug. 1951. Handaufgezogener Jungvogel.
Der Steinkauz – der „Vogel der Weisheit“ und das Sinnbild der Göttin Athene – gehört zu unseren kleineren Eulen. Wie die Schleiereule zeigt er eine Vorliebe für Kulturland, wo er außer in Gemäuern besonders gern in alten hohlen Obstbäumen brütet. Er ruft gellend und durchdringend „kwiu“, bei besonderer Erregung auch „kuwitt“. Manche hören daraus „komm mit!“ und nennen den Steinkauz darum „Totenvogel“.

Wurde in einer Tüte von zwei Jungen aus Capel Manor gebracht. War damals noch nicht flugfähig. Erhielt Kaninchen und tote Vögel als Nahrung. Am 15. August bereits kraftvoll im Flug und in guter Form.
Diese Haltung zeigt Bereitschaft zum Abflug von der Sitzstange. Oft ruckweise Auf-Ab-Bewegungen von Kopf und Hals.

82 Schnee-Eule *(Nyctea scandiaca),* Chester Zoo, 29. Jan. 1946.

Um Schnee-Eulen zu sehen, geht man in Großbritannien wie in Deutschland am besten in den Zoo, denn die aus der arktischen Tundra im Winter weit nach Süden ausweichenden Einzelexemplare sind doch sehr selten. Schnee-Eulen erreichen fast Uhu-Größe und sind in der Lage, selbst Hasen und Hühnervögel zu schlagen. Sie jagen häufig am hellen Tage.

Diese Eule war nicht so groß wie die anderen Zoo-Exemplare und könnte ein junges Männchen (im 1. Winter) gewesen sein.

83

83 Wanderfalke *(Falco peregrinus)*, South Stack, Holy Island, 6. Juli vermutlich 1948. Weibchen.

84 Wanderfalke *(Falco peregrinus)*, South Stack, 12. Juli vermutlich 1948. Terzel (Männchen) und Weibchen (rechts).
Bei den meisten Greifvögeln ist der Größenunterschied der Geschlechter erheblich stärker ausgeprägt als bei den Eulen. Der Ausdruck „Terzel" (vgl. englisch „tiercel") spielt darauf

an, daß das Männchen oft bis ein Drittel kleiner ist als das Weibchen.

Terzel auf einem Büschel Löwenzahn (gemeint wohl Habichtskraut) *sitzend, der an der senkrechten Stirnwand der Klippe wuchs. Der Vogel rastete dort am Vormittag des 12. Juli mindestens zwei Stunden lang.*

Das Weibchen auf der Klippe rastend. Die Rückenfedern sahen schon verblichen und etwas ungepflegt aus.

„Raufbold-Pose" des Weibchens unmittelbar nach der Landung.

Weibchen beim Reinigen des Schnabels. Säubert beide Seiten abwechselnd unter Hin- und Herwenden des Kopfes.

Gyr Falcon owned by Ronald Stevens
Mid August.

85 Gerfalke *(Falco rusticolus)*, im Besitz von Ronald Stevens, Mitte August 1951.

Der Gerfalke, ein arktischer Vogel, von dem man auch schneeweiße Exemplare kennt, ist der größte unter den Edelfalken. Seit alter Zeit wird er als wertvollster Beizvogel angesehen. Beide Geschlechter sind als Faustfalken verwendbar.

86 Sperber *(Accipiter nisus)*, Shorelands, 1. Sept. 1949. Wahrscheinlich ein Weibchen.

Am Abend. Der Sperber saß einige Minuten lang auf der Gartenmauer nahe der Küchentür. Kein anderer Vogel in Sicht. Beachte: Die Schwingen wurden seitlich, nicht oberhalb des Schwanzes gehalten.

87 Sperber *(Accipiter nisus)*, Hawks-head Clough, 15. Juli 1947. Jungvögel.

Wie sein größerer Vetter, der Habicht, ist der Sperber ein Überraschungsjäger, der im dekkungsreichen Gelände (an Waldrändern, in Heckenlandschaften) kleine Säugetiere und vor allem Vögel im Pirsch- und Startflug ergreift. Kurze, runde Flügel und ein langer „Stoß" (Schwanz) machen den Sperber zu einem sehr wendigen Flieger, der auf kurzer Strecke sehr hohe Geschwindigkeiten erreicht. Mit seinen langen Läufen und Zehen kann er Beutetiere auch aus dem schützenden Dickicht hervorziehen.
Das Weibchen brütet allein und mausert während dieser Zeit so eingehend, daß es vom Männchen mit Nahrung versorgt werden muß. Das Dunenkleid der Nestlinge ist zunächst weiß. Die dargestellten Jungvögel sind zwar am Kopf noch wesentlich weißer als die Eltern (vgl. Bild 86), doch ist der Rücken schon dunkel, und die Körperunterseite zeigt bereits eine Vorstufe der typischen Querbänderung („Sperberung"). Die Jungen bleiben nach dem Ausfliegen noch 2–3 Wochen in Horstnähe und betteln die Altvögel um Futter an.

88 Rotkopfmerlin *(Falco chiquera)* aus Indien, im Besitz von Ken Williams, etwa 1962. Das Blatt ist rechts unten signiert.

Farbnotizen (von oben nach unten):
Links: *dunkel mahagoni-kastanienbraun, blasser kastanienbraun, schiefer-blaugrau, dunkelgraue Streifen, helle Säume, dunkelgrau bis schwarz (an den Spitzen).*
Rechts: *gelb, dunkel blauschwarz, weiß, rehbraun mit dunkelgrauen Streifen, blaß blaugrau, dunkelgraue Querbänder, blaugrau mit schwacher Bänderung, dunkle Binde blauschwarz, Spitzen trüb weiß.*

89

89 Wanderfalken *(Falco peregrinus)*, South Stack, 30. Juni vermutlich 1948.
Weibchen beim Füttern der Jungen. Ein Junges in der Befiederung viel weiter als das andere.

Nochmals Wanderfalken (vgl. Bild 83 und 84) als „Abschiedsbild" – leider wohl bald im doppelten Sinne, denn der Wanderfalke zählt heute zu den vom Aussterben unmittelbar bedrohten Tierarten.

Spechte, Singvögel, Wiedehopf und Kuckuck

Die letzte Bildauswahl vereinigt eine bunte Mischung von Landvögeln aus vier verschiedenen Vogelordnungen. Auf zwei Spechtarten folgen der Wiedehopf als Vertreter der Rackenvögel sowie der Kuckuck als namengebender Vertreter der Kuckucksvögel. Alles übrige (vom großen Eichelhäher bis zum winzigen Zaunkönig) sind Sperlingsvögel aus der großen Unterordnung der Singvögel – der artenreichsten Vogelgruppe überhaupt. Aus der Fülle der europäischen Singvögel wurden Vertreter der Rabenvögel, Finken, Stelzen, Laubsänger, Drosselvögel und Fliegenschnäpper sowie Schwanzmeise und Zaunkönig ausgewählt.
Allen Singvögeln gemeinsam ist der Besitz von mehr als drei Paar Singmuskeln am unteren Kehlkopf, d. h. an der Stelle, wo sich die Luftröhre in die Bronchien gabelt. Wie die übrigen Sperlingsvögel haben die Singvögel nesthockende Junge, die den fütternden Eltern einen leuchtend roten oder gelben Sperr-Rachen (Bild 106) entgegenstrecken. Vielleicht leitet sich der Name Sperling davon ab. Typisch ist auch der Fußbau: Die Hinterzehe trägt stets die größte Kralle – wohl hauptsächlich eine Anpassung an das Hüpfen im Gezweig.
Bei den Spechten gibt es nicht nur eine, sondern zwei Hinterzehen, so daß ein besonderer Kletterfuß (Bild 92) vorliegt, der zusammen mit dem steifen, spitzfedrigen Stützschwanz das senkrechte Emporsteigen am Baumstamm ermöglicht.

90 Eichelhäher *(Garrulus glandarius)*, 6. und 7. Juli 1934.
Der Eichelhäher, ein bunter Rabenvogel, ist einer der bekanntesten Waldvögel, für den es allein im deutschen Sprachraum über hundert volkstümliche Namen gibt (z. B. Herold, Heger, Markwart). Das „Rätschen" dieses „Herolds", ein Alarmsignal auch für andere Waldbewohner, hat schon manchem Jäger die Jagd verdorben. Der Eichelhäher versteckt Eichelvorräte im Boden und vergißt sie, und so hilft er als „Heger" und „Markwart", Wälder zu pflanzen.

Junger Häher (nach einem toten Exemplar gemalt). Die blauen Flügeldecken sind nicht so deutlich schwarzweiß gezeichnet wie beim Altvogel. Auch sind Kopf, Hals und Rücken brauner.
Ausgestreckt etwa 30 Zentimeter lang.

Young Jay. (From dead bird) July 6th 71.
Blue feathers on the wing not so definately
marked with black & white as in adult bird.
Also head neck and back browner
Length when stretched out about 12".

91 **91 Grünspechte** *(Picus viridis)*, Shorelands, 25. Juli 1951. Unter den heimischen Spechten ist der Grünspecht in zweifacher Hinsicht ungewöhnlich: Zum einen sucht er seine Nahrung (hauptsächlich Ameisen und ihre Puppen) überwiegend am Boden – noch stärker als der nahe verwandte Grauspecht. Zum anderen trommelt er äußerst selten. Dafür ruft er zur Fortpflanzungzeit besonders häufig. Es klingt wie ein weithin schallendes Lachen und wird mit „klü-klü-klü“

umschrieben. Beim Führen der Jungen ist jedoch von Eltern und Jungvögeln eine Rufreihe aus „kjäck“ – oder „kück“-Lauten zu hören – wahrscheinlich sind diese Laute in den Notizen gemeint.

Ein erwachsenenes Männchen und zwei Jungspechte auf dem Strandhaus sitzend, 8 – 9 Uhr morgens. Später gingen alle auf das Betonpflaster nieder und pickten in den Ritzen zwischen den Steinplatten. Zwischendurch rief der Altvogel, wie um die Jungen bei sich zu halten, mit hoher, heller Stimme, etwa 3 Rufe pro Sekunde. Die Rufe der Jungen waren ziemlich piepsig und heiser und nicht ganz so hoch wie beim Altvogel.
Iris der Jungvögel erscheint matt braun. Ihr Auge sieht in fast allen Beleuchtungen dunkel aus.
Flügelrecken des Altvogels.

92 Buntspecht *(Picoides major)*, Chester Zoo, 3. Aug. 1939, Weibchen.

Im Vergleich zum Grünspecht ist „der Bunte“ ein ausgesprochener Hack- und Baumspecht und im Vorfrühling und Frühling ein reger Trommler. Die Darstellung zeigt deutlich die „Ausrüstung“ für die genannten Tätigkeiten: den kräftigen Meißelschnabel zum Hacken und Trommeln sowie den hartfedrigen Stützschwanz und den zangenförmigen Kletterfuß. Die in den folgenden Notizen angegebene Sitzhaltung (Flügel an den Schwanz gedrückt) ist nur bei der Skizze rechts unten, nicht aber bei der farbigen Hauptskizze zu sehen – offenbar mit Rücksicht auf die sonst durch die Flügel verdeckten leuchtend roten Unterschwanzdecken.

Beim Sitzen am senkrechten Stamm werden die Flügel dicht an den Schwanz gelegt, so daß Rücken und Schwanz eine durchgehende Linie bilden.
Flügel dem Rücken flach anliegend.
Farbnotizen: *bleigrau, blaugrau, rot.*

93

93 Buntspecht *(Picoides major)*, Radnor Woods, 6. Apr. 1947, Männchen.

94 Wiedehopf *(Upupa epops)*, Shorelands, 15 Okt. 1951, *am mittleren Nachmittag.*
Dieser wärmeliegende Rackenvogel von Drosselgröße ist in Deutschland ein sehr selten gewordener Brutvogel, in England erscheinen meist Einzelexemplare zur Zugzeit. Der Flug wirkt träge und schmetterlingsartig, die Flugbahn ist wie auch bei vielen Spechten wellenförmig.
Zuerst gesichtet, wie er vom Fahrweg aufflog. Er flog zum Strand und ließ sich nieder, um von den kleinen Salzpflanzen etwas abzupicken, wobei er mit dem Schnabel senkrecht hinabstieß. Flog dann auf einen Stein und rastete eine Weile, ehe er über den Bungalow hinweg abstrich.
Zuerst am 26. Sept. gesichtet. Weitere Beobachtungstage: 6., 9., 13. Okt.
Haltungsstudien: *bei der Nahrungsaufnahme, auf einem Stein rastend, alarmiert und abflugbereit.*

Mid aft.
Oct 15th '51 Hoopoe.
First seen flying
up from the drive. It
flew to the shore and
settled to feed on the
little saltings, thrusting
its bill vertically down.
Then it flew to a stone
and rested for a time before
flying off over the bungalows
Resting on a stone.
Feeding.
Alert and ready to fly.

95

95 Kuckuck *(Cuculus canorus)* auf Stacheldraht, April 1946.
Von den rund 130 Angehörigen der Kuckucksfamilie sind etwa 50 Arten Brutschmarotzer. Unser heimischer Kuckuck parasitiert in verschiedenen Singvogelnestern (z. B. bei Bachstelze, Teichrohrsänger und Heckenbraunelle), doch legt jedes Kuckucksweibchen zeitlebens nur Eier eines bestimmten Färbungstyps. Er paßt zu den Eiern derjenigen Wirtsvogelart, von der das Weibchen früher einmal aufgezogen worden ist.

Farbnotizen (von oben nach unten): *fahlgrau mit Violett, rußgrau, blaugrau, düster grau mit helleren Säumen, dunkelgrau.*

96

96 Birkenzeisige *(Acanthis flammea)*, Redesmere, 13. März 1956. Männchen (links) und Weibchen.
Dieser Vetter der Hänflinge ist der erste von drei Finkenvögeln (kenntlich am Körnerfresserschnabel), die das Buch vorstellt. Die britischen Birkenzeisige sind noch etwas dunkler gefärbt als die Birkenzeisige der Alpen.

Ein kleiner Trupp von 6 oder 7 Exemplaren auf Nahrungssuche in den Erlen am Seeufer. Manchmal gingen sie zu Boden und suchten im Fallaub und zwischen Kräutern und Gräsern. Den Tag über kalter Wind.
Eins der beobachteten Weibchen (Pfeil) hatte sehr viel Grau im Gefieder und ausgesprochen helle Flügelbinden.

Sept. 19th. Adult and young
Goldfinch on the shore wall, Shorelands.
Young asking for food, wings extended
and quivering. Adult regurgitates a
white feather-like shape into her bill
and spasmodically jabs this into the
open bill of young. On the wall
near the Goldfinches, were House-sparrows,
curious and aggressive. While feeding
was taking place a sparrow approached
and bullied the Goldfinches off the
wall tweaking the tail of the
finch just before it flew.
Adult Goldfinch seemed
in moult. Body feathers
loose and rather untidy.

97

97 Stieglitze *(Carduelis carduelis)*, Shorelands, 19. Sept. 1949.

Der Stieglitz oder Distelfink war wegen der Buntheit seines Gefieders früher ein beliebter Käfigvogel. Der Volksmund sagt, daß Gott beim Bemalen der Vögel zu guter Letzt am Stieglitz seinen Pinsel auswischte.

Alt- und Jungvogel auf dem Strandhaus, der Jungvogel mit ausgebreiteten zitternden Flügeln um Futter bettelnd. Der Altvogel würgt eine weiße geformte Masse in seinen Schnabel empor und stößt sie ruckweise in den offenen Schnabel des Jungen.
In der Nähe der Stieglitze saßen Haussperlinge auf der Mauer – neugierig und angriffslustig. Während noch gefüttert wurde, näherte sich ein Spatz und jagte die Stieglitze vom Dach, einer wurde kurz vor dem Abflug am Schwanz berührt.
Der erwachsene Stieglitz schien sich in der Mauser zu befinden: Kleingefieder lose und ziemlich unordentlich.

98 Buchfink *(Fringilla coelebs)*, Redesmere, 9. März 1939.

Das „pink" des Buchfinken hat wahrscheinlich zu seinem Namen und dem der ganzen Familie Anlaß gegeben. Noch bekannter als dieser Laut ist jedoch die helle, schmetternde Balzstrophe des Männchens, die man „Schlag" nennt und die in deutschen Wäldern und Parks ebenso häufig zu hören ist wie in England.

Männchen vor der Rückkehr zum Seeufer, wo es Krumen aufpickte. Die beiden mittleren Steuerfedern waren grauer und kürzer als die übrigen.
Farbnotizen (von oben nach unten):
Links: *blaß hornfarben, bläulich schwarz, kastanienbraun, rötlich braun.*
Rechts: *grau, rostbraun, grau, zimtfarben bis kastanienbraun, schwarz mit blaßbraunen Säumen, schwarz mit gelben Säumen, dunkel mit hellen Säumen, grau-sepiabraun, weiß.*
Unten: *olivgrün-gelb.*

99 **99 Gebirgstelze** *(Motacilla cinerea)*, Clough Brook, Wildboar Clough, 14. Aug. 1944.

Fast alle Stelzen lieben die Nähe zum Wasser. Da es dort oft Luftwirbel gibt, braucht man etwas, was den Flug stabilisiert. Vielleicht ist das die Erklärung für den besonders langen Schwanz – oder er ist hauptsächlich zum Wippen da. Stelzen mausern zweimal jährlich. Das dargestellte Männchen nimmt Abschied von seinem sommerlichen Brutkleid, worin Kinn und Kehle insgesamt auffällig schwarz sind.

Männliche Gebirgstelze in der Mauser. Äußere Steuerfedern halb nachgewachsen. Noch Reste der schwarzen Kehlzeichnung sichtbar. Einige Armschwingen fehlen.
Während der Gefiederpflege (rechts) wurden die Flügel so weit gesenkt, daß Hinterrücken und Bürzel sichtbar waren.

100 Schwanzmeisen *(Aegithalos caudatus)*, Radnor Mere, 26. Juni 1939. Jungvögel (vor allem kenntlich an den dunklen Wangen).

Der lange Schwanz der Schwanzmeise, der ihr den Spitznamen „Pfannenstielchen" eingebracht hat, ist vielleicht eine Balancier-Hilfe beim rastlosen Turnen im Geäst. Von den echten Meisen, mit denen sie nicht viel mehr als den Namen gemeinsam haben, unterscheiden sich die Schwanzmeisen vor allem durch ihren großen Hang zur Geselligkeit: Fremde Artgenossen beteiligen sich an der Jungenaufzucht, und beim Schlafen schmiegen sich oft mehrere Vögel aneinander. Auch die Jungvögel vertragen sich untereinander gut, und nach dem Flüggewerden streifen sie noch eine Zeit gemeinsam umher.

Junge Schwanzmeisen, in den ufernahen Erlen unterwegs, bestenfalls 9 in einem Trupp. Farbnotizen: *grauer Scheitelfleck, hellbraun, grau, schiefergrau.*

101 **101 Steinschmätzer** *(Oenanthe oenanthe)*, Shorelands, 1. April, und **Zaunkönig** *(Troglodytes troglodytes)*, Crochan Caffo, 3. April 1951.

Der Steinschmätzer ist ein kleiner Drosselvogel, der den Winter im tropischen Afrika verbringt. Die getrennt ziehenden Männchen gehören im Frühjahr zu den ersten Rückwanderern unter allen Zugvögeln, und es ist unter Ornithologen vor allem in England üblich, „seinen" ersten Steinschmätzer zu notieren – möglichst vor den Erstbeobachtungen der Freunde.

Steinschmätzer auf der Mauer. Es waren zwei, und sie spukten den ganzen Nachmittag in der Nachbarschaft herum, beides Männchen. Drei Tage zuvor sah ich meinen ersten Steinschmätzer dieses Jahres an der Leuchtturmtreppe von South Stack.

Hecke nahe Crochan Caffo. Zwei Zaunkönige. Einer balzte in der Nähe des anderen. Während der Vogel laut sang, vibrierte er mit den Flügeln und fächerte den gestelzten Schwanz auf. Manchmal hielt er die Flügel höher als den Körper, dann wieder tiefer als abgebildet.

102 **102 Zaunkönig** *(Troglodytes troglodytes)*, **Waldlaubsänger** *(Phylloscopus sibilatrix)*, links unten, sowie **Fitis** *(Phylloscopus trochilus)*, rechts unten. Donebridge, 13. Mai 1947. Kennzeichnend für den Zaunkönig ist die große Sangeslust sowie die laute, schmetternde Stimme, die man diesem kleinen „Hansdampf in allen Büschen" gar nicht zutraut. Auch im Nestbau ist der Zaunkönig sehr eifrig. Das Männchen baut mehrere Nester, von denen das Weibchen eins zur Brut auswählt. Die übrigen dienen als Schlaf- und Spielnester.

Der Zaunkönig sang auf einem Baumstumpf.
Beim Eintragen von Nistmaterial. Er schmetterte einige laute Takte, während er noch das grüne Moos im Schnabel trug.

Waldlaubsänger. Die Schnabelspitze wird offenbar gewöhnlich etwas höher getragen als beim Fitis.

Dieses Fitis-Weibchen hatte sein Nest in Bodennähe in einem Adlerfarn-Bestand. Es suchte das Nest auf, während wir nur anderthalb Meter entfernt saßen.

103 Steinschmätzer *(Oenanthe oenanthe),* Bosley Reservoir, 28. Apr. 1938. Männchen.

Steinschmätzer auf dem Grunde des ausgetrockneten Bosley-Staubeckens nach Würmern suchend.
Wenn vertraut, sehr mollig aussehend.

104 Trauerschnäpper *(Ficedula hypoleuca),* Pont Aber Glaslyn, 22. April 1951. Männchen (oben) und Weibchen.

Bei den in Deutschland brütenden Trauerschnäppern sind die Männchen mehr weibchenähnlich braungrau und nicht so kontrastreich schwarzweiß gezeichnet wie bei den englischen, skandinavischen und südeuropäischen Artgenossen.

Ein Pärchen in den Bäumen oben am Flußufer. Man konnte beobachten, wie das Weibchen Nistmaterial in das Loch einer Eiche eintrug. Das Männchen suchte dieselbe Stelle auf, und einmal trafen sie an der Höhle zusammen.
Das Männchen war ein sehr auffälliger Vogel, sehr schwarz mit viel Weiß am Flügel (mehr als im „Handbook of British Birds" dargestellt).
In der Nachbarschaft trieb sich ein zweites Männchen herum, brauner als das verpaarte. Das zweite tauchte mehrfach auf, aber nicht oft genug, daß ich Notizen machen konnte.
(Vier Tage helles, sonniges Wetter – nach einem der regenreichsten Winter seit Menschengedenken).
Einzelnotizen zum Männchen:
Wirkt im Umriß sehr rundlich. – Flügelhaltung unter oder in gleicher Höhe mit dem Schwanz öfter als darüber, obgleich auch die letztgenannte Position verschiedentlich vorkam. – Am Ufer gelegentlich mit vorgeschobenem Kopf sitzend. – Im Sitzen manchmal mit dem Schwanz wippend. – Die weiße Zeichnung oberhalb des Schnabels erwies sich als ein Doppelfleck.

Looks very plump at times.
White area above bill showed as two spots
Sometimes raised and depressed tail while feeding

1952
Pont Aber Glaslyn. May 1st. Two ♂ and one ♀
Pied Flycatcher seen near the bridge. One male flew
to a hole in an oak, the entrance to last year's nest
of Pied Flycatchers, it is clear that the pair intend
to use this same site. Several times the other male
was chased away by the paired male.

106

105 Trauerschnäpper *(Ficedula hypoleuca)*, Pont Aber Glaslyn, 1. Mai 1952.
Zwei Männchen und ein Weibchen (links) in der Nähe der Brücke beobachtet. Das eine Männchen flog zu einer Höhle in der Eiche, wo auch im letzten Jahr Trauerschnäpper nisteten (vgl. Bild 104). Offensichtlich will das Paar genau diese Höhle benutzen. Das zweite Männchen wurde mehrmals vom verpaarten Männchen verscheucht.

106 Grauschnäpper *(Muscicapa striata)*, Gawsworth, 11. Juli 1944. Fütterung der Jungen.

Bücher von ornithologischem Interesse mit Illustrationen von C. F. Tunnicliffe

BAYNE, Charles S., *Call of the Birds*, with illustrations by C. F. Tunnicliffe. Revised edition. London: Collins 1945. – 10 ganzseitige und 18 Text-Illustrationen (schwarzweiß).

BENNETT, Linda, *RSPB Book of Garden Birds*, with 36 plates in colour by C. F. Tunnicliffe, R. A., and line drawings by Robert Gillmor. London: Hamlyn 1978.

DAY, J. Wentworth, *British Birds of the Wild Places*. London: Blandford Press 1961. – 49 Farb- und 19 Schwarzweiß-Illustrationen.

JEFFERIES, Richard, *Wild Life in a Southern Country*, with an introduction and notes by Samuel J. Looker. Wood engravings by C. F. Tunnicliffe. London: Lutterworth Press 1949. – 21 Holzschnitte (davon 13 Vogelmotive).

LOCKLEY, R. M., *Letters from Stockholm*. London: Dent 1947. – 52 Illustrationen.

PRIESTLEY, Mary (Editor), *A Book of Birds*. London: Gollancz 1937. – 82 Holzschnitte.

ROGERSON, Sidney and TUNNICLIFFE, Charles Frederick, *Our Bird Book*. London: Collins 1947. – 52 Farb- und 84 Schwarzweiß-Illustrationen.

TUNNICLIFFE, C. F., *Bird Portraiture*. London: The Studio 1945. – 16 Farbtafeln und 87 einfarbige Illustrationen.

TUNNICLIFFE, C. F., *Birds of the Estuary*. Harmondsworth: Penguin Books 1952. – 16 Farb- und 16 Schwarzweiß-Illustrationen.

TUNNICLIFFE, C. F., *Mereside Chronicle*. London: Country Life 1948. – Zahlreiche einfarbige Illustrationen.

TUNNICLIFFE, C. F., *My Country Book*. London: The Studio 1942. – 16 Farbtafeln (davon 6 Vogelmotive) und 81 einfarbige Tafeln (davon 37 Vogelmotive).

TUNNICLIFFE, C. F., *Shorelands Summer Diary*. London: Collins 1952. – 16 Farbtafeln (alles Vogelmotive) und zahlreiche Schwarzweißtafeln (viele Vogelmotive).

VESEY-FITZGERALD, Brian, *Rivermouth*. London: Eyre and Spottiswoode 1949. – 6 ganzseitige und 7 Text-Illustrationen (schwarzweiß, viele Vogelmotive).

WILLIAMSON, Henry, *The Lone Swallows, and Other Essays of Boyhood and Youth*. London: Putnam 1933. – 23 ganzseitige Holzschnitte und 34 weitere im Text (einige Vogelmotive).

WILLIAMSON, Henry, *The Peregrine's Saga, and Other Wild Tales*. London: Putnam 1934. – 23 ganzseitige Holzschnitte und 12 weitere im Text (einige Vogelmotive).

WILLIAMSON, Kenneth, *The Sky's Their Highway*. London. Putnam 1937 – 8 Holzschnitte.

(Zusammengestellt von Keith Cheyney)